별 다섯 개
부탁드려요!

별 다섯 개 부탁드려요!

개정판 1쇄 인쇄 2023년 11월 10일
개정판 1쇄 발행 2023년 11월 20일

지은이 유경현 유수진
펴낸이 이범상
펴낸곳 (주)비전비엔피 · 애플북스

기획편집 차재호 김승희 박성아 신은정
디자인 최원영 이민선
마케팅 이성호 이병준
전자책 김성화 김희정 안상희
관리 이다정

주소 우)04034 서울시 마포구 잔다리로7길 12 (서교동)
전화 02)338-2411 | **팩스** 02)338-2413
홈페이지 www.visionbp.co.kr
인스타그램 www.instagram.com/visioncorea
포스트 post.naver.com/visioncorea
이메일 visioncorea@naver.com
원고투고 editor@visionbp.co.kr

등록번호 제313-2007-000012호

ISBN 979-11-92641-20-1 03300

별 다섯 개
부탁드려요!

21세기 신인류, 플랫폼 노동자들의 '별점인생' 이야기

KBS 〈다큐 인사이트〉
유경현·유수진 지음

애플북스

우리의 새벽잠을 깨우는 건
신문 배달원이 아닌 새벽 배송 기사다

토요일 오전 7시 핸드폰 알람 소리가 울린다. 어젯밤 주문한 식재료와 생수가 문 앞에 도착했다는 신호다. 간단히 아침 식사를 해결하고 한숨 돌리려는데 이번에는 초인종이 울린다. 주말이면 어김없이 찾아오는 '4시간짜리' 플랫폼 청소 서비스다. 청소가 끝나면 청소 서비스에 대한 별점을 매겨 달라는 핸드폰 알람음이 울린다. 오후 6시, 냉장고 문을 열어 보니 저녁거리가 마땅치 않다. 배달 앱을 켜고 별점이 높은 중국집을 골라 짜장면을 주문한다. "50분 이내 배달"이라는 메시지와 함께 배달 기사의 별점이 한눈에 보인다. 배달 기사가 문 앞에 두고 간 짜장면에는 주문하지도 않은 군만두가 서비스로 담겨 있었고 거기에는 "별 5개 꼭 부탁드려요"라고 손글씨로 쓴 포스트

잇이 붙어 있다. 밤 11시, 잠자리에 들기 전 내일 오전에 필요한 등산 스틱을 고른다. "로켓 배송, 내일 새벽 도착 보장"이라는 문구를 믿고 주문한 뒤 안심하며 잠을 청한다.

그야말로 플랫폼 기업의 자본주의 시대다. 이제는 아침에 눈을 떠서 잠드는 순간까지 플랫폼 기업의 서비스를 이용하지 않고서는 일상생활조차 불가능하다. 방송과 신문에서는 연일 기업 가치가 1조 원 이상인 유니콘 플랫폼 기업을 조명하고 창업자의 성공 신화를 소개한다. 매년 조사하는 '대학생들이 취업하고 싶은 회사'를 보면 국내 굴지의 제조업 회사들이 플랫폼 기업들에게 1위 자리를 내어 주고 있다. 모두가 이용하고 모두가 선망하는 '플랫폼 기업의 성공 신화'는 4차 산업혁명이라는 시대적 흐름에 따라 더욱 빠르게 확산할 것이다. 하지만 이러한 성공 신화 뒤에는 별점 평가에 가려서 지금까지 제대로 조명받지 못한 사람들이 있다. 바로 우리가 일상에서 매일 마주하는 별점에 울고 웃는 사람들, 바로 플랫폼 노동자들이다.

KBS 〈다큐 인사이트 - 별점인생〉은 앱, SNS 등 디지털 플랫폼을 매개로 노동을 제공하고 소득을 얻는 다양한 분야의 플랫폼 노동자의 이야기를 1년 동안 기록한 다큐멘터리다. 플랫폼 기업들이 사용하는 '별점 평가' 제도가 플랫폼 노동자들에게 어떤 영향을 미치는지 살펴보고, 그들이 처한 현실과 고충을 생생히 담아내고자 했다. 배달, 배송, 가사 서비스, 대리운전 등 노동의 형태에 따라 각자의 위치에서 체감하는 문제들을 관찰하며 그들의 목소리에 귀 기울였다.

이를 통해 "원하는 시간에 원하는 만큼 일할 수 있다.", "날씨 좋은 날 소풍 가듯이, 드라이브하듯이 일한다."는 플랫폼 기업의 광고처럼 '플랫폼 노동자들은 정말 행복하게 일하고 있을까?', '플랫폼 기업이 만들어 낸 일자리는 안전할까?', '그들은 어쩌다가 플랫폼 노동에 뛰어들었을까?' 등 머릿속에 막연하게 떠오르는 질문에 대한 답을 찾고자 노력했다. 다행히도 다큐멘터리 〈별점인생〉은 "거시적인 전망과 성공담에 치중한 4차 산업혁명 다큐멘터리와 달리, 플랫폼의 별점 평가 제도가 인간의 노동을 어떻게 변화시키는지를 노동자의 관점에서 통찰력 있게 해석했다."는 평가를 받으며 2020년 4월 '이달의 좋은 프로그램상'과 '이달의 PD상'을 동시 수상했다.

이 책에는 다큐멘터리 〈별점인생〉에서 자신의 소중한 삶을 허락해 준 출연자들의 뒷이야기와 방송 이후 새롭게 취재한 또 다른 플랫폼 노동자의 이야기가 담겨 있다. 영상으로 밥벌이하는 사람이 카메라가 아닌 펜을 든다는 것은 결코 쉬운일이 아니었다. 하지만 다큐멘터리 영상으로는 표현하기 힘들었던 플랫폼 노동자들의 날것 그대로의 이야기를 활자로나마 기록할 수 있다는 사실은 '출간'이라는 새로운 도전을 할 만한 충분한 이유가 됐다.

이 책을 준비하며 지난 1년간 촬영한 플랫폼 노동자들의 인터뷰 영상 기록을 다시 살펴보았다. 그때는 미처 보지 못했던 플랫폼 노동자들의 현실 중에는 지금의 코로나19 상황에서 새롭게 해석할 수 있는 것들이 많았다. 다큐멘터리에서 다룬 '별점 평가' 외에도 '건당 거래되는 부스러기 일자리', '주 80시간 노동', '비정규직 사장님', '1 VS 99 사회'처럼 현재 우리 사회에서 논의되는 다양한 키워드가 플랫폼 노동자들의 삶을 관통하고 있었다.

특히 이 책에서는 '모두가 알지만 아무도 몰랐던' 플랫폼 노동자들의 일상을 그들의 언어로 가감 없이 담아내는 데 주력했다. 능력이 부족한 탓(?)에 세계적 추세인 플랫폼 노동 문제의 해법까지는 제시하지 못했다. 하지만 이 책에 등장하는 다양한 플랫폼 노동자들의 현실과 그들이 털어놓은 이야기 속에 우리 사회가 찾아야 할 해법이 있다고 믿는다.

KBS 〈다큐 인사이트-별점인생〉 촬영이 한창이던 2020년 초반은 코로나19에서 비교적 자유로운 시기였다. 코로나19가 가져온 '언택트 사회'가 일상이 된 지금, 그때보다 플랫폼 노동자들의 상황은 훨씬 더 열악하다. 사람들의 '언택트 라이프'를 원활하게 만들어 준 '재택근무', '원격 수업', '온라인 쇼핑'의 이면에는 더 많은 위험과 불안에 노출될 수밖에 없는 플랫폼 노동자들이 있다. 우리의 안전이 다른 누군가의 위험을 통해 보장되는 구조로 말이다.

현재 우리나라 플랫폼 노동자는 약 179만 명으로 2018년과 비교해 약 3배 가까이 급증했다(한국노동연구원, 2020). 포스트 코로나 시대에 접어들면서 우리는 그동안 상상하지 못했던 많은 분야에서 플랫폼 노동자들을 더 자주 만날 것이며, 또 누군가는 플랫폼 노동자로 살아가게 될 것이다. 오늘도 치열한 '별점 인생'을 살아가는 플랫폼 노동자의 삶을 이해하고 공감하는 데 이 책이 조금이나마 도움이 되길 바란다.

유경현

시대가 달라지면서 일자리의 형태도 자연스럽게 변합니다. 그래도 변하지 않는 사실은 일의 중심에 사람이 있고, 그는 우리의 가족, 친구, 이웃이라는 것입니다. 누군가에게는 플랫폼이 기회의 장이 되고, 누군가에게는 플랫폼이 피 말리는 경쟁이라는 현장의 목소리를 들으며 플랫폼 노동자의 삶이 개선되려면 기업과 노동자, 소비자 모두의 동반 성장이 절실하다는 책임감을 느꼈습니다. 오늘부터 플랫폼을 통해 만나는 이들이 새롭게 보일 것 같습니다.

_정운찬(서울대학교 명예교수, 동반성장연구소 이사장)

계약서상 자유롭게 일하는 위탁 계약 노동자를 통제하기 위해 플랫폼 기업이 만든 인공별이 바로 별점입니다. 화려한 인공별 사이에서 노동자들은 잘 보이지 않습니다. 이 책은 그들의 생생한 이야기를 풀어내며 희미하게 빛나던 노동자를 우리의 눈앞으로 데려옵니다. 반짝반짝 빛나야 할 존재가 누구인지를 생각하며 함께 읽어 보길 추천합니다.

_박정훈(라이더유니온 위원장)

차례

원하는 시간에 원하는 만큼 일한다

쿠팡플렉스_박진용

죄책감이 무뎌진 '톡' 소리

12월 31일 밤, 가족과 함께 신년 카운트다운을 기다리다 자정이 넘으면 서로를 향해 말한다. "새해 복 많이 받으세요." 이 순간에는 아무리 미운 사람을 만나도 그렇게 말할 수밖에 없다. 그만큼 여유롭고 너그러운 마음으로 한 해를 돌아보며 서로를 위로하고 축복하는 시간이다. 그때 현관문 밖에서 '톡' 하는 소리가 들린다. 아차, 주문한 것조차 잊었던 쿠팡 상품이 배달된 것이다. 모두가 새로운 한 해의 시작을 기다리는 행복한 순간에도 누군가는 평소보다 높은 '배송 단가'에 감사해 하며 일을 시작한다.

1월 1일과 추석 당일 그리고 설날은 누구든 공평하게 하루를 쉬는 몇 안 되는 휴일이다. 하지만 배송 플랫폼 앱에 들어가면 휴일 며칠 전부터 이런 광고 배너가 뜬다.

"1월 1일에도 새벽배송 가능."

"설날 선물, 당일 신청, 당일 배송"

누군가는 휴일에도 일을 하고, 그 덕에 소비자는 언제든 구매한 물건을 받을 수 있다. 월 회비 2,900원으로 '로켓와우 멤버십'에 가입하면 쿠팡에서 단돈 3,000원짜리 상품을 구매해도 로켓 배송을 무료로 받을 수 있다. 쿠팡에서 가장 저렴한 제품을 구매했을 뿐인데 택배는 1월 1일에도 어김없이 로켓 배송된다. 예전에는 밤늦게까지 일하는 택배 기사님을 보면 죄송한 마음이 들었지만, 모두 잠든 시간에 문 앞에 택배가 놓이는 현실에 익숙해지면서 죄책감은 점점 옅어졌다.

우리는 당장 내일 필요한 물건도 아닌데 '최저가이기 때문에, 로켓 배송이 가능하기 때문에, 상품 별점이 높기 때문에'

배송 플랫폼을 통해 주문을 한다. 누군가가 이 물건을 나르기 위해 1월 1일에 자정이 넘은 시간까지 일할 거라는 생각은 하지 않는다. 이제는 마트에 가지 않아도 집에서 물건을 받을 수 있는 데다, 오늘 밤에 주문해도 내일 새벽에 받을 수 있는 놀라운 배송 시스템에 많은 사람이 단순히 이렇게 생각했을 것이다. 세상 진짜 좋아졌다고. 나 역시 플랫폼 배송 기사를 취재하기 전까진 그렇게 생각했다. 하지만 플랫폼 배송 기사와 함께 새벽이슬을 맞으며 물건을 배송하면서 여러 가지 생각이 들었다.

현관문 밖에서 들려오는 '툭' 소리와, 누군가가 보낸 배송 인증 사진 한 장, 그리고 이것을 당연하게 생각했던 나. 그렇게 죄책감의 무게와 강도가 점점 희미해질 즈음 플랫폼 배송 기사, 박진용 씨의 노동 현실을 마주했다.

🗨️ 모두 잠든 후에 시작되는 누군가의 하루

"자정 전까지 주문 시 내일 새벽 7시 전 도착 보장."

밤 11시, 마지막 새벽 배송 신청 기회다. 내일 아침 배송받기를 원하는 물건을 주문하고 잠을 청한다. 정확히 내일 아침

7시 전에 상품이 문 앞에 놓여 있을 것이다.

같은 시간 박진용 씨의 핸드폰 알람이 울린다. 진용 씨는 무거운 몸을 침대에서 겨우 일으킨다. 대부분의 사람들이 잠자리에 드는 시간, 진용 씨의 하루가 시작된다. 벌써 일 년째 같은 생활의 반복이다. 눈을 뜨자마자 확인하는 건 핸드폰이다. 전날 오후 1시에 쿠팡 플렉스 앱으로 신청한 배송 서비스가 확정됐다는 문자가 와 있다.

<Coupang Flex> 심야 배송 확정 안내

박진용

배송 지역 ○○○

상품 수령 장소 ○○○

상품 수령 시간 24:00

일반 상품 850원, 신선 상품 1,050원

진용 씨는 쿠팡 플렉스다. 2018년 등장한 쿠팡 플렉스는 물류 배송 플랫폼 기업 쿠팡이 직접 채용한 '쿠팡맨'(최근 여성 배송 기사 수가 늘어나면서 쿠팡 친구의 줄임말인 '쿠친'으로 변경했다.)과 달리 자신의 차량으로 배송 업무를 수행하고 건당 배송 수수료를 받는 플랫폼 노동자다. 쿠팡 로고가 새겨진 조끼를 입는

'쿠팡맨'과 달리 쿠팡 플렉스는 직고용된 직원이 아닌 탓에 그날그날 배송 물량에 따라 배송 기사 수가 정해진다. 다행히도 오늘 그는 출근할 기회를 얻었다.

진용 씨는 자신의 SUV 차량을 몰고 확정 안내 문자에 적힌 상품 수령 장소로 향한다. 늦은 밤 집에서 10km를 달려서 일명 '캠프'로 불리는 물류센터에 도착했다. 상품 수령 시간까지는 아직 30분이 남았지만 이미 많은 플렉스들이 물류센터 입구 쪽에 차를 대고 기다리는 중이다. 물류센터 벽에는 "오배송 발생 시 배송 위탁 정지"라는 살벌한 경고문이 크게 붙어 있다.

0시 30분. 입차를 마무리하고 물류센터 벽기둥에 붙어 있는 QR코드를 핸드폰으로 스캔하면 오늘 배정받은 물량이 앱 화면에 자동으로 나타난다. 배정받은 물건을 적재된 장소에서 찾아 차량에 실으면 된다. 진용 씨가 물건을 싣는 동안 이따금 아는 사람들과 눈인사를 나눈다. 일 년 동안 같은 캠프만 찾다 보니 어느덧 아는 사람도 꽤 늘었다. 심야 배송은 주로 40~50대 중년 남성들이 많은데, 본업만으로는 생활이 힘든 투잡족이 대부분이다. 반면 주간 배송 타임에는 아이들이 학교 간 틈을 이용해 돈을 벌려는 주부와 일일 알바를 하는 2030 세대도 많다. 최근에는 코로나19 사태로 배송 물량이 크게 늘면서 진용 씨처럼 주야간 전업으로 쿠팡 플렉스 일을 하는 사람들도 눈에 띄게 늘었다.

드디어 적재 업무를 마쳤다. 오늘 배정받은 물량은 69개. 심야 배송 상품의 건당 수수료는 당일 플렉스 지원자 수, 날씨 등 수요·공급의 원칙에 따라 정해지는데 오늘은 일반 상품이 850원, 신선 상품이 1,050원 선이다(쿠팡 배송의 경우 비닐 포장된 상품이 박스 상품보다 평균 100원~200원 정도 단가가 낮다. 가격은 배송 캠프의 상황에 따라 다르다). 플렉스는 건당 배송 수수료를 받기 때문에 배정 물량이 하루 수익과 직결된다. 진용 씨가 생각하는 적정 물량은 80~100개. 만약 100개 이상의 상품을 배정받으면 배송 권역이 지나치게 넓어져 차량 기름값이 많이 들고 배송 시간도 길어진다. 반면 배정 상품이 50개 아래로 떨어지면 하루에 목표한 수입을 얻기 힘들다. 오늘 배정받은 물량은 80개 미만이지만 다행히도 배송 단가가 높은 신선 상품 물량이 평소보다 늘어 위안이 된다. 플렉스를 매일 울고 웃게 하는 배송 단가와 배정 물량은 스스로 결정할 수 없다. 쿠팡의 인공지능 알고리즘은 수년간 누적된 수요와 공급 데이터를 바탕으로 매일매일 새로운 '채용 조건'을 만들어 낸다.

진용 씨의 SUV 차량이 물류센터를 빠져나왔다. 트렁크와 뒷좌석은 사람 한 명 탈 공간 없이 배송 물건이 담긴 종이 박스, 비닐 등으로 가득하다. 평소에는 조수석까지 물건이 가득 차는데 오늘은 그나마 여유가 있는 편이다. 캠프에 들어가 배송 물량을 모두 적재하기까지 한 시간이 넘게 걸렸다. 하지만 아직 번 돈은 없다. 배송 건당 수수료가 책정되는 만큼 배송 외의 일에는 아무런 대가가 없다. 정규직 직장인이라면 근무 시간 중에 동료와 나누는 수다 시간이나 담배 타임, 커피 타임을 유연하게 활용할 수 있지만, 진용 씨의 경우 오직 배정된 물건을 완벽하게 배송할 때만 수입이 발생한다.

본격적인 배송 업무를 시작하기 위해 쿠팡 플렉스 앱을 켰다. 지도상에 배송지가 구역별로 표시된다. 오늘은 아파트 단지와 연립 주택 단지 모두 배송해야 한다. 심야 배송은 주간 배송과 달리 배송 구역 간 거리가 먼 편이다. 심야 배송은 사람들의 하루가 시작되는 아침 7시 전에 모두 끝내야 한다. 시계가 새벽 1시를 가리킨다. 진용 씨가 차량 액셀러레이터를 깊숙이 밟는다. 건물에 불이 꺼지고 모두가 잠자리에 든 지금, 그의 본격적인 업무가 시작됐다.

💬 우리가 마주하는 박스 그 뒷이야기

첫 배송지는 캠프에서 약 10km 떨어진 빌라 밀집 지역이다. 빌라 지역은 골목골목 차들이 주차돼 있어 SUV 차량으로 집 앞까지 접근하기가 쉽지 않다. 진용 씨는 길가에 차를 세우고 비상등을 켰다. 트렁크에서 배송할 물건을 꺼낸 뒤 흐릿한 가로등 불빛에 의지해 골목 사이로 들어간다. 박스에 적힌 배송 주소와 빌라 주소를 꼼꼼히 확인한 뒤 문 앞에 일반 상품 박스를 놓아 둔다. 배송 박스와 빌라 대문이 함께 나오게 인증 사진을 찍고 앱에 업로드하면 한 건의 "배송이 완료됐다"는 메시지가 뜬다. 출근 약 2시간 만에 비로소 첫 수입 850원이 생겼다.

배송 단가는 박스마다 다 다른데 같은 크기, 같은 무게여도 내용물에 따라 일반 상품과 신선 상품으로 나뉜다. 일반 상품은 집에서 흔히 주문하는 의류, 화장품, 휴지 같은 공산품 위주의 물건이고, 신선 상품은 포기김치, 사과, 주스 같은 식료품이다. 초록색 테이프로 포장된 신선 상품은 신속, 정확하게 배송해야 한다. 자칫 박스를 떨어트렸다간 내용물이 새어 나오기 때문에 특별히 더 신경 쓴다. 그만큼 주의가 필요하므로 배송 단가도 평균 200원 정도 높게 책정되는 것이다.

다음 행선지는 50m 정도 떨어진 또 다른 빌라. 이 정도 거리라면 차를 두고 걷는다. 차를 가져가면 주차 장소를 찾느라 시간을 허비할 뿐더러 걸으면 기름값도 조금이나마 절약할 수 있기 때문이다.

그런데 이번에 배송할 물건이 만만치 않아 보인다. 성인 남성도 혼자 옮기기 쉽지 않은 500ml 탄산수 24개가 든 박스를 트렁크에서 번쩍 꺼내 드는 진용 씨. 엘리베이터도 없는 빌라 3층까지 힘겹게 배송하지만, 이 무거운 박스 역시 쿠팡에서는 '공평하게' 취급한다. 샤프 2개가 들었어도 500ml 탄산수 24개가 들었어도 모두 '850원'으로 공평하다. 쿠팡 플렉스 입장에서는 그저 이런 물건들이 많지 않길 바라는 수밖에 없다.

전날 밤 11시에 주문하면 이튿날 아침에 배송되는 로켓 배송(로켓 와우 회원은 배송비가 무료다.)이 일상화되고, 온라인으로 구매하는 상품 가격이 오프라인 쇼핑보다 월등히 낮아지면서 최근 생수, 음료수, 쌀 같은 무거운 물건은 마트에서 사는 대신 배달시키는 가정이 크게 늘었다. 소비자가 누릴 수 있는 혜택이 늘어난 만큼, 진용 씨 같은 플랫폼 배송 기사가 들어야 할 짐의 평균 무게도 함께 늘었다.

'똥짐'과 '꿀짐'. 쿠팡 플렉스들은 배송 물건을 이렇게 부른다. '똥짐'은 말 그대로 배송 단가는 같은데 옮기기 힘든 생수나 소형 가구처럼 무겁고 부피가 큰 상품이다. 반면 '꿀짐'은 면도날, 마스크 팩, 볼펜 등 박스 크기가 작고 가벼워 배송하기 쉬운 상품이다. 이런 꿀짐은 똥짐에 비해 배송 속도가 2배 정도 더 빠르다. 시간이 곧 돈인 플렉스들은 이 둘을 어느 정도 비율로 배정받는지에 상당히 민감하다. 쿠팡 물류 캠프 직원들이 무작위로 배정한다지만 사람이 하는 일이라 현장에서는 항상 볼멘소리가 나온다.

새벽 2시, 어두컴컴한 빌라 골목을 걸으며 진용 씨가 핸드폰을 다시 켰다. "총 69건 중 20건 배송 완료"라는 알림이 뜬다. 빌라 지역 배송은 아파트 단지보다 시간이 더 오래 걸린다. 복잡하게 얽힌 골목길에 있는 빌라 중에는 지번이 제대로 표시되지 않은 집도 많아 확인하는 데 시간이 꽤 걸린다. 특히 오늘처럼 집집마다 배달 수량이 한두 개씩이면 배송해야 할 곳이 훨씬 늘어난다. 플렉스들은 이런 경우 지역이 '헬'이라고 표현한다. 배송 권역이 좁고 배송 물량이 몰려 있는 주간 배송과 달리 심야 배송은 지역이 '헬'인 경우가 많다. 게다가 오늘처럼 비가 오는 날은 배송할 때 더 신경이 쓰인다. 자칫 배송과정에서 상품이 비에 젖어 손상되면 배상해야 하는 일도 있기 때문이다.

이제 다음 배송 권역으로 이동해야 한다. 쿠팡 플렉스 앱이 친절하게 다음 배송지를 알려준다. 앱에 나타난 지도 한쪽에 수많은 점(배송지)이 몰려 있다. 여기에서 7km 떨어진 1,000세대 이상이 거주하는 대단지 아파트다. 진용 씨는 지도 위 점이 사라질 때마다 마치 '게임 미션'을 수행하는 것 같은 느낌이 든다고 말한다. 똥짐일지 꿀짐일지 알 수 없는 복불복 미션을 수행하지만 한 가지 분명한 건 배송한 박스 수만큼 통장에 배송 수수료가 쌓인다는 것이다. 흘린 땀방울만큼 정직하게 돈을 벌 수 있다는 믿음이 있다. 미션을 클리어 할 때마다 코인이 쌓이는 게임처럼, 진용 씨에게는 69건의 미션과 그에 대한 보상이 기다리고 있다. 이 밤이 지나기 전에 그의 SUV 차량은 서둘러 다음 미션을 향해 달려간다.

💬 건당 천 원의 산타클로스

새벽 3시, 진용 씨 차가 아파트 단지 입구에 도착했다. 입주민 출입구가 아닌 방문객 출입구 쪽으로 차를 돌리자 경비 아저씨의 퉁명스러운 목소리가 스피커를 통해 들려온다.

"무슨 일로 방문하셨어요?"

"새벽 배송 왔습니다."

"몇 단지, 몇 단지에 배달할 건가요?"

"네, 101동부터 108동까지 모두 배달해야 해요."

"시간은 어느 정도 걸리나요?"

"넉넉히 1시간 30분이면 됩니다."

질문에 모두 답하고 나서야 출입구 차단기가 열린다. 그나마 이 지역 아파트 단지는 양호한 편이다. 어떤 아파트 단지에서는 차량 트렁크까지 열고 배송 박스들을 확인한 후에야 출입을 허락해 준다. 쿠팡이 직접 고용한 '쿠팡맨'과 달리 쿠팡 플렉스는 회사 로고가 붙은 차량과 유니폼이 지원되지 않는다. 일반 차량에 누르스름한 박스만 잔뜩 실려 있으니 경비원 입장에서는 철저히 확인할 수밖에 없다. 하지만 그렇게 '신원 조회'를 위해 허비한 시간은 총 배송 시간만 늘릴 뿐 수익에는 전혀 도움이 되지 않는다. 그 과정이 맥락 없이 길어지기라도 하면 시간 내에 배송을 다 마치지 못할 것 같은 불안감에 조바심이 나기도 한다. 플렉스들 사이에서 "심야 배송 과정에서 가장 두려운 건 경비 아저씨"라는 우스갯소리가 나오는 이유이기도 하다.

2020년 코로나19로 인해 우리는 피할 수 없는 '언택트 시대'를 맞이했다. 온라인 사회, 비대면 사회의 도래는 예견된 미래였지만 지나치게 빠르게 또 강제적으로 받아들이게 됐다. 지금까지 누려 오던 평범한 일상은 멈췄고, 대부분의 직장인들과 학생들은 출근과 등교라는 위험한 선택지 대신 재택근무와 원격 수업이라는 비대면 일상, 언택트 일상을 맞이했다. 하지만 누군가의 안전을 보장하는 언택트 라이프를 위해 또 다른 누군가는 더 치열하고 위험한 현장 근무를 감내해야 한다.

어쩌면 코로나19 시대의 화이트칼라는 흰 셔츠를 입은 사람이 아니라 재택근무가 가능한 일자리를 가진 사람일지도 모른다. 진용 씨에게는 해당되지 않는 이야기다. 플랫폼 배송 기사는 재택근무가 불가능한 직업이기 때문이다.

팬데믹 시대, 배송 박스를 든 쿠팡 플렉스들은 마치 어릴 적 우리에게 선물을 전해 주던 산타클로스 같은 존재다. 산타클로스가 목숨을 걸고 굴뚝을 통과해야 했다면, 팬데믹 시대 산타클로스는 감염병의 위험을 무릅쓰고 더 많은 활동을 해야 한다는 점이 다를 뿐이다. 하지만 그때나 지금이나 사람들은 산타클로스보다 선물 박스에 더 관심이 많다.

어린 시절 우리는 '잿더미 가득한 굴뚝을 통과한 산타클로스의 하얀 수염에는 어째서 재가 조금도 묻지 않았을까?' '산타클로스의 흰 소매가 뽀송하게 유지될 수 있었던 비결은 무엇일까?'에 대해서 궁금해 하지 않았다. 지금 우리 역시 주문한 상품을 배달하는 배송 기사의 안전보다, 내가 주문한 물건이 제때 파손 없이 배송되기를 바랄 뿐이다. 우리가 상품을 구입하게 위해 지불한 금액 속에 '상품이 제때 정확하게 안전하게' 도착하는 비용 역시 포함돼 있으니 당연하다고 여긴다. 그러나 정시에 제 물건이 놓이기까지의 모든 위험은 캄캄한 새벽 산타클로스처럼 도시를 누비는 플랫폼 노동자가 감수해야 할 몫이다.

모두 잠든 시간, '선물'을 가득 실은 진용 씨의 차량이 101동 아파트 입구 근처로 진입했다. 나름 편한 배송지인 아파트 단지에도 고충이 있다. 지하 주차장이 없는 아파트 단지는 이중 주차 차량이 많아 아파트 입구에 진입하기가 쉽지 않다. 결국 이중 주차된 차량 뒤편에 차를 세운 뒤 트렁크를 열었다. 아직 배달해야 할 '선물 상자'들이 가득하다.

트렁크 안에는 배송 순서에 따라 박스 상품과 비닐 상품이 차곡차곡 쌓여 있다. 플렉스들에게 '적재 노하우'는 배송만큼이나 중요하다. 마지막 배송 지역 물건들은 트렁크 안쪽에, 첫 번째 배송 지역 물건들은 트렁크 입구 쪽에 실어야 한다. 만약 순서를 고려하지 않고 뒤죽박죽 실으면 물건을 찾는 시간이 배송 시간보다 더 많이 걸릴 수도 있다. 초보 플렉스들이 흔히 하는 실수이기도 하다. 트렁크 안쪽 한쪽에 '파손주의' 라벨이 붙은 박스를 싣는 것도 여러 번 낭패를 본 뒤 터득한 노하우다.

101동 공동 현관문 앞에서 플렉스 앱을 켜니 '#3253' 출입문 비밀번호가 나타난다. 진용 씨는 101동에 배송할 박스를 한꺼번에 부둥켜안고 엘리베이터로 향한다. 배송해야 할 곳은 15층, 12층, 7층, 3층으로 총 4가구 박스 6개다. 가장 윗층인 15층 버튼을 누른다. 15층에 도착하면 엘리베이터 문이 닫히기 전 재빨리 마무리하고 다시 엘리베이터에 탄다. 그리고 12층, 7층, 3층 버튼을 눌러 같은 방법으로 배송한다. 아침 7시까지 배달을 마치려면 이렇게 높은 층에서 낮은 층으로 이동하면서 배송 속도를 높여야 한다. 설령 엘리베이터를 놓치더라도 비상계단으로 내려가며 배송할 수도 있다.

새벽 시간 엘리베이터에서 주민들과 마주치는 일은 드물다. 가끔 엘리베이터에서 마주치는 주민들은 "이 시간에도 배송하세요?", "힘내세요!"라고 말을 걸기도 한다. 하지만 모든 층마다 정지하며 내려오는 엘리베이터의 주인공이 택배 배달기사인 것을 확인하면 주민 상당수는 아무 말 없이 불만의 눈빛으로 쳐다본다. 이때마다 진용 씨는 습관적으로 "죄송합니다."라고 말하며 고개를 숙인다. 생각해 보면 주민들 입장도 이해가 되기 때문이다.

하지만 정작 마음 속에 작은 상처가 남는 것은 불편을 넘어 불안해하는 주민과 마주할 때다. 얼마 전 쿠팡 물류센터에서 집단 코로나 감염 사태가 발생하면서 함께 엘리베이터를 타는 것조차 불안해하는 주민들이 크게 늘었다. 이럴 때면 진용 씨는 한 발짝 옆으로 움직여 엘리베이터 구석으로 몸을 구겨 넣는다. 누구보다 방역 수칙을 철저하게 지키고, 마스크를 갈아 끼고, 수시로 손 소독을 해도 타인의 시선에는 그저 '땀 냄새 나는 낯설고 위험한 사람'에 불과할 수 있는 탓이다. 코로나 시대, 하루에도 수많은 장소를 돌아다니며 불특정 다수를 대면할 수밖에 없는 '산타클로스의 비애'라고 생각할 수밖에 없다.

💬 별점이 고용을 좌우한다

새벽 4시, 진용 씨는 마지막 배송지인 또 다른 아파트 단지로 향한다. 이제 남은 배달 수량은 12개. 어느덧 새벽 첫 버스도 운행을 시작했다. 아침 7시까지 배송을 마무리하려면 서둘러야 한다. 그런데 문제가 생겼다. 아파트 출입문 비밀번호가 플렉스 앱에 등록돼 있지 않았다. 같은 캠프 플렉스들이 모여 있는 단톡방에서 공유된 출입문 비밀번호를 찾는다. 쿠팡 캠프 측에 연락해 출입문 비밀번호를 확인할 수도 있지만 그러면 시간이 오래 걸린다. 배송 시간을 지키지 못하면 앞으로 일할 기회를 잃을 수도 있다.

쿠팡 플렉스도 별점 평가를 받는다. 상품과 맛집에 매겨지는 별점이 모두에게 공개된다면 그들의 별점은 쿠팡 캠프와 플렉스의 앱을 통해서만 확인 가능하다는 점만 다를 뿐이다. 별점은 0점부터 5점까지 부여되는데 최근 60일 이내에 40가구 이상의 배송 내역이 있을 때 점수에 따라 등급으로 분류된다.

4.50~5.00 그린
배송오류가 0.5% 미만으로 배송 점수가 매우 우수함.

4.00~4.50 옐로우
배송오류가 0.5~1%로 배송 점수가 평균임.

4.00 미만 레드
배송오류가 2% 이상으로 배송 점수가 평균 이하이며,
품질을 저하시키는 요인을 줄여야 함.

• 본 점수는 업무 배정 우선 순위에 영향을 줍니다.

이렇게 총 세 개의 등급으로 나뉜다. 마치 신호등처럼 초록색에서 붉은색으로 갈수록 업무 배정을 받지 못할 가능성이 커진다. 모든 평가가 상대적이듯, 배송 인력이 늘면서 별점을 평가하는 기준도 갈수록 까다로워질 수밖에 없다. 별점 평가는 오배송의 리스크를 최소화할 수 있는 안심 인력을 고용하기 위한 평가이기도 하지만, 한편으론 플랫폼 기업이 직접 고용하지 않은 노동자를 효과적으로 통제할 수 있는 '알고리즘 경영'이기도 하다. 플랫폼 노동자들은 이런 시스템의 굴레에

간혀 보이지 않는 수많은 배송 인력과 보이지 않는 '별점 경쟁'을 하기도 한다. 하지만 아이러니하게도 이 경쟁의 승자는 별점 '5점'의 노동자가 아니라 더 많은 물량을 더 적은 가격에 배송할 수 있게 된 기업일 것이다.

배송 마감까지 남은 시간은 2시간 남짓. 진용 씨의 발걸음이 점차 빨라진다. 지켜보는 상사는 없지만 별점 평가는 노동자를 쉴 없이 움직이게 만든다. 그가 업무에서 바랄 수 있는 '운'은 두 가지다. 꿀점을 많이 배정받는 것, 배송지의 위치가 좋은 '꿀 코스'가 걸리는 것. 그 밖에 모든 결과는 오로지 배송 건수로만 결정되며, 배송에 대한 고객의 평가가 그의 별점을 결정한다.

배송지가 2층인 경우 엘리베이터 대신 차라리 계단을 이용한다. 조금이라도 시간을 단축하기 위해서다. 203호 문 앞에 배송 박스를 놓기 전에 앱에 표시된 주소를 다시 한 번 확인한다. 며칠 전 오배송 사건이 있은 뒤 생긴 버릇이다.

얼마 전 진용 씨는 쿠팡 캠프 관계자로부터 전화 한 통을 받았다. 수화기 너머로 차가운 목소리가 들렸다.

"어젯밤 빌라 지역 배송 과정에서 오배송이 한 건 발생했는데 조치해 줘야겠습니다. 다시 배송해 줄 수 있으신가요?"

진용 씨는 전화를 끊자마자 오배송한 지역으로 차를 몰았다. 다행히 배송 물건은 그대로 놓여 있었다. 빌라 이름을 수차례 확인했음에도 지번 주소를 혼돈해 생긴 실수였다. 평상시에 수차례 확인하는 사항인데도 그날따라 착오가 생긴 것이다. 이날처럼 물건을 찾으면 다시 배달하면 되지만 만약 물건을 분실하면 이야기가 달라진다. 수수료가 들어오는 날(플렉스는 일주일에 한 번씩 배달 수수료를 한꺼번에 받는다.) 물건 값을 제외한 '급여'가 입금된다. 배송 중 문제가 발생하면 그 책임은 플렉스가 져야 하는 것이다.

그런데 오배송 문제가 해결된다 해도 그것으로 끝이 아니다. 한 번의 실수는 별점에 상당한 영향을 준다. 오배송 발생 며칠 뒤 진용 씨의 플렉스 별점이 4.90점에서 4.75점으로 낮아졌다. 쿠팡 고객센터에 문의해도 낮아진 별점 점수에 대한 명확한 설명은 없다. 단지 "오배송 한 건으로 인해 패널티 1회가 있습니다."라는 답변만 돌아올 뿐이다. '패널티'란 배송 과정에서 벌어지는 실수에 대해 쿠팡 캠프 관리자가 플렉스에게 내리는 일종의 경고다. 예를 들어 오배송이 발생하거나, 배송 확정 문자를 받고도 출근하지 않거나, 물류센터 적재 과정에서 컨베이어 벨트 위의 물건을 정리하지 않는 경우에 패널티를 받는다.

플렉스들은 '패널티'에 민감할 수밖에 없다. 패널티를 받으면 별점이 떨어져 배정 우선 순위에 영향을 미칠 뿐 아니라 패널티가 '주홍 글씨'처럼 누적돼 3회가 되면 플렉스 계정이 한 달 동안 정지되는 일명 '블랙' 처분이 내려지기 때문이다. 패널티 1회를 받은 진용 씨도 그날 이후 더 예민해졌다. 모든 업무가 그렇지만 분 단위로 배송이 '완료'돼야 하는 일이다 보니 더욱 신경을 곤두세울 수밖에 없다. 워드 프로세서의 'delete'나 'ctrl z' 버튼을 누를 기회는 주어지지 않는다. 플렉스를 생업으로 하는 사람들에게 계정 박탈은 마치 직장인이 정리 해고를 당하는 것과 다를 바 없다.

진용 씨가 마지막 발걸음을 옮긴다. 405호 현관문 앞에 신선 상품 2박스와 일반 상품 1박스를 내려놓는다. 고객이 현관문을 열었을 때 박스가 부딪히지 않도록 한쪽에 잘 쌓아 둔다. 어떤 고객은 이런 부분도 평가해 별점을 낮게 주기도 한다. 배송 경험과 경력이 쌓이면서, 누구의 심기도 거슬리지 않게 안전하게 배송하는 노하우와 기술이 쌓였다. 상품과 현관문 호수가 동시에 보이도록 촬영한 사진을 플렉스 앱에 업로드한다. 오배송이나 특별히 캠프에 반송할 물건이 없는 경우 "완료"라는 메시지가 뜬다. 마침내 오늘의 마지막 배송이 끝났다. 깜깜했던 아파트의 창문에 하나둘 불빛이 켜진다. 누군가의 하루가 시작되는 것이다. 그렇게 그들이 하루를 시작하는 시간에 진용 씨의 하루가 끝이 난다. 새벽 5시, 드디어 퇴근이다.

💬 월 수익 500만 원 보장의 비밀

진용 씨는 앞으로 접힌 SUV 차량의 뒷좌석을 원래대로 세운다. 배송 박스로 가득 찼던 차 안은 뿌연 먼지로 뒤덮인 상태다. 시동을 걸기 전 플렉스 앱을 다시 켰다. "총 33가구-69건" 오늘의 배송 이력이 표시된다. 이날 배송한 69건 중 일반 상품은 60건(건당 850원), 신선 상품은 9건(건당 1,050원)으로 모두 60,450원을 벌었다. 밤 11시부터 다음날 새벽 5시까지 총 6시간 동안 일한 것을 고려하면 시간당 약 1만 원을 번 셈이다.

최저 임금 8,590원(2020년 기준)보다는 높지만 야간 노동인 점을 고려하면 그리 큰돈은 아니다. 진용 씨는 "배송 물량이 많은 날은 시간당 수익이 조금 더 높다."며 머쓱하게 웃는다. 하지만 일부 유튜버들이나 쿠팡 측이 홍보하듯 시간당 2만 원까지 배송 수입을 올린다는 것은 현실과 상당한 괴리가 있어 보인다.

진용 씨가 집으로 돌아가기 전 들리는 곳이 있다. 바로 셀프 주유소다. 쿠팡 플렉스는 직원이 아니라 위탁 배송 업무를 맡은 개인사업자다 보니 배송 업무에 필요한 핸드폰 통신비, 배송 차량의 감가삼각비 등 모든 비용을 스스로 부담해야 한다. 쿠팡 측에서 제공하는 것은 건당 배송료 외에는 사실상 아무것도 없다. 진용 씨가 가장 부담스러운 것은 바로 이 기름값이다. 주·야간 배송을 전업으로 하는 그는 하루 평균 200km 안팎의 거리를 달린다. 차에 짐을 가득 싣고 하루 동안 서울과 천안을 왕복하는 거리와 비슷하다. 이틀에 한 번 꼴로 5만 원씩, 한 달에 약 50만 원이 주유 비용으로 들어간다. 그러다 보니 리터당 100원이라도 저렴한 셀프 주유소를 이용하는 것이다. 이마저도 기름값 사정이 좋을 때 이야기다. 뉴스에서 유가 상승 소식을 들을 때마다 그는 머릿속으로 리터당 주유비를 계산한다. 수익과 가장 민감하게 연결되기 때문이다. '플렉스'라는 자유로움의 이면에는 모든 리스크와 감가상각은 개인에게 전가된다는 묘한 법칙이 존재한다.

오전 6시, 날이 밝았다. 사람들이 하나둘 출근을 시작하는 그 시간 진용 씨는 업무를 마치고 집으로 돌아왔다. 잠자리에 들기 전 컴퓨터를 켠다. 그날 일한 내용과 수익을 엑셀 파일에 정리하는데, 플렉스 일을 하기 전 아르바이트를 하던 시절부터 있던 습관이다. 엑셀 파일에는 플렉스를 시작한 2019년 1월부터 일자별 배송 단가와 주간, 야간 배송 갯수가 일목요연하게 기록돼 있다. 천천히 살펴보니 한 가지 눈에 띄는 점이 있다. 진용 씨가 플렉스 일을 처음 시작하던 때보다 지금은 배송 단가가 많이 떨어져 있었다. 2019년 초에는 심야 배송 단가가 1,300원에서 2,000원까지 받기도 했는데 최근에는 1,000원대까지 떨어졌다. 주간 배송 단가 역시 내리막 곡선을 그리고 있었다.

쿠팡이 쿠팡 플렉스를 도입한 건 2018년부터다. 쿠팡맨과 달리 상시 고용 형태가 아니기 때문에 하루하루 배송 물량에 따라 유연하게 배송 기사 수를 결정할 수 있는 장점이 있었다. 쿠팡은 플렉스 인원을 끌어 모으려고 '프로모션' 명목으로 배송 건당 수수료를 한때 3,000원까지 높였고, '월수입 500만 원 가능'이라는 홍보에 이끌려 수많은 사람이 뛰어들었다. 그렇게 플렉스로 등록된 사람은 약 30만 명, 전국적으로 하루 평균 4,000명이 일을 하고 있다(2019년 기준).

진용 씨가 플렉스 일을 시작한 것도 그때였다. 주·야간으로 열심히만 하면 정말 월 500만 원을 벌 수 있었다. 밤과 낮의 신체 리듬이 바뀌어 몸과 정신은 힘들었지만, 지금의 고생이 언젠가 내 이름으로 된 작은 가게를 운영하고픈 꿈을 이루어 줄 것처럼 보였다. 하지만 기대는 오래가지 못했다. 플렉스

수가 급격히 늘자 쿠팡은 프로모션 제도를 중단했고 배송 단가는 곤두박질쳤다. 3,000원에서 2,000원으로, 2,000원에서 다시 1,000원 대까지 떨어졌다. 일하겠다는 인력이 매일 차고 넘치는데 기업 입장에서는 배송 단가를 다시 높일 이유가 없다. 이미 잡은 물고기에는 더 이상 먹이를 주지 않는 것처럼 말이다. 프로모션이 사라지자 플렉스들 중 일부는 일을 그만뒀다. 하지만 주·야간 배송을 전업으로 하는 사람에게는 다른 선택지가 없다. 그들에게 플렉스는 아르바이트가 아닌 '직업'이니까. 프로모션 때와 같은 월수입을 얻으려면 배송 건수를 늘려야 한다. 배송 단가가 반토막이 나면 배송 건수를 2배로 늘려야 이전과 같은 돈을 벌 수 있다. 결국 장시간 노동을 피하지 못하는 구조에 편입될 수밖에 없다.

진용 씨도 잠자는 시간을 줄였다. 매일 주간 배송(오전 11시 부터~ 오후 6시)부터 심야 배송(밤 11시~ 새벽 6시)까지 약 14시간을 일한다. 하루 평균 배송 건수는 약 200건. 평균 배송 수수료를 1,000원으로 계산하면 하루에 20만 원의 수익이 생긴다. 예전처럼 월 500만 원을 벌려면 한 달에 25일, 주 80시간 이상을 일해야 한다. 여기에 매달 50만 원 가까운 기름값 지출까지 고려하면 주당 근무 시간은 더 늘어날 수밖에 없다. 플렉스들에게 '주 52시간 근무제'는 꿈처럼 요원한 이야기다. 플렉스의 24시간은 대부분 '배송의, 배송에 의한, 배송을 위한' 시간으로 채워진다. 아침 7시, 진용 씨는 주간 배송을 준비하며 잠시 눈을 붙인다.

🗨️ 유토피아의 역설, 소풍 가듯 일하라

오전 11시. 진용 씨의 SUV 차량에 다시 짐이 가득 실렸다. 주간 배송은 주로 부피가 크고 무거운 배송 상품이 많다. 생수와 음료수는 물론이고 이불과 심지어 접이식 탁자까지 배송한다. 플렉스로 일하면서 진용 씨는 '무엇이든 배달되는 시대'라는 말을 실감하고 있다. 주간 배송은 무게가 나가는 상품이 많지만 오히려 심야 배송보다 단가가 저렴해 일반 상품은 600원, 신선 상품은 800원 수준에서 책정된다. 그나마 주간 배송은 배송 권역이 밀집해 있고 한 가구당 여러 개의 상품을 한꺼번에 배송하는 '꿀 코스'가 많으니 다행이다.

첫 번째 배송지는 주간 배송 중 가장 까다로운 상가 건물이다. 상가 건물은 대체로 대로변에 있어 주차하기가 쉽지 않고, 주차장이라도 이용하려면 비용을 지불해야 한다. 1,000원짜리 배달하는데 3,000원을 주차비로 쓸 수는 없는 노릇. 진용 씨는 "대로변에 주차하고 재빨리 배송을 완료하는 게 낫다."고 말한다. 주차 단속 CCTV가 있어도 5분 이내에 배송을 마치면 과태료를 내지 않는다는 게 지난 일 년 동안 플렉스를 하며 터득한 나름의 노하우다.

이런 깨알 정보는 같은 캠프 플렉스 채팅방에서 주로 공유된다. 예를 들어 30분 동안 주차가 무료인 주차장, 상가 공용 화장실 비밀번호, 가장 저렴한 주유소 등 배송하는 데 있어 꼭 필요한 정보들이 가득하다. 너무 당연한 이야기지만 그들에게는 마음 놓고 갈 수 있는 '화장실'이 없기에 '공용 화장실 비밀번호'는 매우 유용한 정보다.

진용 씨가 쿠팡 플렉스를 처음 안 건 유튜브에서 우연히 본 광고를 통해서였다. 광고에는 퇴직한 노부부, 초등학생 자녀를 둔 주부, 새로운 도전을 준비하는 청년들 모두 행복한 표정으로 배송을 하고 있었다. 진용 씨의 마음을 움직인 건 마지막 광고 카피였다.

'원하는 시간에 원하는 만큼, 마치 소풍 가듯 일할 수 있다!'

특별한 기술이 없어도 핸드폰과 차량만 있으면 누구나 시작할 수 있다는 사실은 취업 문턱에서 번번이 좌절하던 진용 씨에게 분명 기회였다.

"고등학교 졸업장으로 원하는 회사에 들어갈 수 있을까? 회사에 취업을 한다? 정규직으로 취업을 한다? 그런 생각은 단 한 번도 해 본 적이 없어요. 특별한 기술이 없어도 일할 기회를 준다는 게 좋았어요."

그때는 플랫폼 노동이 무엇인지, 4대 보험이 적용되는지에 대한 정보조차 정확히 알지 못했다. 다만 정직하게 흘린 땀만큼 돈을 벌 수 있는 기회 자체가 소중하다고 생각했다. 성실함과 부지런함이라는 재능으로 열심히만 하면 꿈꾸던 미래로 데려다 줄 '징검다리'라고 믿었다. 하지만 진용 씨는 얼마 전 은행에서 대출 상담을 받으면서 사업 소득 3.3%를 떼는 개인사업자 신분이고, 플렉스를 통해 번 소득은 인정하기 힘들기 때문에 대출 자체가 어렵다는 대답을 들었다. 누구나 할 수 있지만 아무것도 보장해 주지 않는 직업이 '플랫폼 노동'이라는 사실을 알았다. 잠자는 시간 외에 모든 시간을 할애하는 직업인건 분명하지만 기업도 은행도 제도도 '직업'으로 인정하지도 보호해 주지도 않는 것이 현실이었다.

뉴스에서는 4차 산업혁명을 선도하는 혁신 기업들을 소개하며, 직원들의 연봉이 얼마나 인상됐고, 성과급이 얼마인지 연일 보도한다. 극심한 취업난을 뚫고 큰 기업에 취업한 인재들은 말 그대로 '좋은 스펙'을 가진 엘리트들이다. 바로 그들이 일류 기업에 들어가 고민하고 설계하고 만들어 낸 것이, 그 기업을 위해 일하는 노동자들에게 더 많은 위험을 전가하고 더 많은 부담을 감수하게 만드는 알고리즘과 시스템인 것일까? 기업의 목적은 이윤 추구라고는 하지만 기업이 이윤을 추구하는 방식이 인간의 노동 단가를 최소화하는 것만을 포함하는 것은 아닐 것이다.

혁신 기업이 설계하는 시스템은 사회 구조 속에서 동등한 기회를 가질 수 없었던 사람들에게 언뜻 보면 공평하고 유토피아적인 기회를 제공하는 것처럼 보인다. 고졸이어도 기술이 없어도 사업에 실패했어도 누구나 참여할 수 있는 평등한 기회는 마치 구원처럼 보이기까지 한다. 그러나 막상 그 기회에 손을 내밀어 누구보다 성실하고 부지런하게 일을 수행하는 사람들 대부분은 시스템이 주장하는 유토피아의 세상은 없다고 말한다.

오후 2시, 진용 씨는 늦은 점심을 해결하기 위해 공원 주차장에 차를 세웠다. 점심은 집에서 가져온 도시락으로 차 안에서 간단히 먹는다. '소풍 가듯'이란 말에 공감할 만한 부분은 어쩌면 공원에서 먹는 도시락이 유일할지도 모른다. 하하 호호 웃음이 넘치는 소풍과 달리, 공원 주차장에서의 점심은 철저하게 경제적 이유로 만들어진 시간이다. 점심값도 절약할 수 있지만, 이렇게 식사하면 배송하는 데 시간을 더 많이 쏟을 수 있다. 차량 라디오에서 신나는 대중가요가 흘러나온다. 점심을 먹는 동안에도 진용 씨는 손에서 핸드폰을 놓지 못한다. 잠시 뒤 라디오 소리를 뚫고 핸드폰 알람음이 울렸다. '딩동!'

<Coupang Flex> 심야 배송 확정 안내

박진용

배송 지역 ○○○

상품 수령 장소 ○○○

상품 수령 시간 23:00

일반 상품 1,000원 신선 상품 1,200원

기다리던 심야 배송 확정 문자다. 배송 단가가 어제보다 조금 올랐다. 오늘은 밤부터 비가 올지도 모르겠다. 통상 우천 시에는 플렉스 지원자들이 줄어서 캠프 측에서는 배송 단가를 높여 지원자를 더 모집하려 한다. 진용 씨는 서둘러 점심 식사를 마무리한다. 주간 배송을 빨리 마쳐야 심야 배송 전에 잠시라도 쉴 수 있다. 배송 박스를 가득 실은 SUV 차가 다시 도로 위를 달린다.

"매일 신청하고 기다리는 일상의 반복이에요. 오늘은 10건을 해도 다음 날은 5건을 배송할 수도 있고, 그다음 날은 아예 못할 수도 있어요. 그 스트레스는 경험하지 않고는 모를 거예요."

자유롭게 일하면서 내가 잃은 것

대리주부 이동희

💬 원하는 시간에 원하는 만큼 일하는 가사 노동 서비스

드라마에 나오는 이런 장면을 본 기억이 있을 것이다. 으리
으리한 대저택에 전화벨이 울린다. 그러면 부엌에서 한 여자
가 뛰어나와 전화를 받으면서 이렇게 말한다. "평창동입니다."
잘 알다시피 전화를 받은 사람은 집주인이 아니다. 그 집에 고
용돼서 일하는 사람으로 주로 '아주머니'라고 불린다. 90년대
까지만 해도 파출부, 가사 도우미로 불린 이들의 주업무는 '살

림'이다. 부엌에서 요리하고, 집안을 청소한다.

부유층에서만 가사 노동자를 쓰던 시절이 있었다. 실제로 가사 노동 서비스가 플랫폼으로 들어오기 전까지만 해도 중산층 가정에서 가사 노동자를 부르는 건 흔치 않았다. 하지만 요즘에는 1인 가구와 맞벌이 부부의 증가, 고령화 등으로 인해 돌봄 서비스 시장에 대한 니즈가 커지고, 플랫폼 시장이 확대되면서 이제 가사 서비스는 부유층의 전유물이 아니라 누구나 쉽게 이용할 수 있게 됐다.

과거에는 가사 노동자가 알음알음으로 가정을 소개받거나 인력 파견 업체를 통해 가정과 계약했다면 이제는 가사 노동 서비스를 중개하는 플랫폼 회사가 등장했다. 그러면서 일하는 방식도 크게 달라졌다. 과거에는 한 가정에서 기간을 정해 일하고 월급을 받았다면 지금은 4시간 단위로 계약하고 여러 가정에서 일한다. 한 가정에만 얽매이지 않고, 누구나 원하는 시간에 쉽게 일할 수 있는 구조로 바뀐 것이다. 이용자 입장에서도 필요할 때 편리하게 이용할 수 있게 되면서 가사 서비스는 대표적인 플랫폼 노동으로 자리 잡았다.

일감을 구하는 방식도 달라졌다. 원래는 가사 서비스 업체에서 고객과 가사 노동자를 연결해 주는 방식이었다. 일을 잘하든 못하든 회사에서 연결만 해 주면 어떻게든 일할 수 있는 구조였다. 하지만 플랫폼에서는 그렇지 않다. 노동자 스스로 플랫폼을 통해서 일감을 확인하고 견적을 넣고 고객의 선택을 기다려야 한다. 그러면 고객이 가사 서비스 매니저의 프로필과 경력을 꼼꼼히 따져 보고 선택한다. 따라서 가사 노동자들의 경력, 고객의 별점과 후기가 중요해졌다.

결혼을 하고 아이를 키우면서 새로운 일거리를 찾던 동희 씨. 아이를 맡길 곳이 없어 육아에 전념할 수밖에 없었지만 틈틈이 시간이 날 때마다 그는 습관처럼 일을 찾았다. '내가 할 수 있는 일이 없을까?' 이런 고민을 하던 차에 동희 씨는 우연히 가사 노동 서비스를 알게 됐다. 플랫폼 가사 노동 서비스라는 것이 다소 생소했지만, 4시간 단위로 계약이 이뤄진다는 것이 매력적으로 다가왔다. 아이를 학교에 보내고 나면 4~5시간 정도의 여유가 생겼는데 그 시간에 돈을 벌 수 있다니! 시간이 허락되기만 한다면 4시간 동안 일하고 그 뒤에 또 다른 집으로 일하러 갈 수도 있었다. 원하는 시간에 원하는 만큼 일할 수 있는 일자리. 동희 씨가 그토록 찾아 헤맨 일자리였다.

남의 집 가사 일을 한다는 편견은 이제 다 옛일이 됐다. 가사 노동이 법적인 노동으로 인정받지 못하고 있긴 하지만 사람들의 인식은 확실히 달라지고 있다. 요즘에는 가사 노동도 전문가의 영역이 됐다. 청소 대행, 정리·수납 등 자격증이 생기고, 인테리어와 청소 등을 전문적이고 체계적으로 하는 전문가 그룹이 TV에 등장하면서 이들을 원하는 사람이 점점 늘고 있다.

동희 씨 역시 수납·정리 및 가사 서비스 자격증을 보유한 베테랑 가사 서비스 매니저다. 어려서부터 손재주가 남달랐던 그는 대학 졸업과 동시에 미용 일을 시작했다. 그렇게 20년간 헤어 디자이너로 실력과 경력을 쌓으며 방송국, 영화 촬영장, 화보 촬영장 등 전국 곳곳 누비지 않은 곳이 없었다.

하지만 결혼하고 아이를 낳으면서 일과 육아 두 마리 토끼를 잡기가 쉽지 않다는 걸 느꼈다. 일을 하다 보니 아이를 어린이집에 늦게까지 맡기면서 죄책감이 생겼다. 아이가 아프거나 사고라도 생기면 자신 탓인 것만 같아 괴로웠다. 결국 동희 씨는 아이와 시간을 보내는 데에 집중하기로 결정하고 자신의 전부였던 미용 일을 그만뒀다. 힘든 결정이었지만 그게 최선이라고 믿었다.

그 뒤 수년의 시간이 흘러 아이는 이제 혼자서 공부도 하고, 학원도 가고, 숙제도 알아서 할 정도로 자랐다. '아이도 다 컸고, 이제 내 일을 좀 해 보면 어떨까?'라고 생각하던 차에 플랫폼이 눈에 들어왔다. 플랫폼은 경력이 단절된 동희 씨를 다시 사회로 나오게 해 준 통로였다. 한 번도 해 보지 않았던 가사 노동 서비스였지만, 아이를 학교에 보낸 뒤 비는 시간에 경험 삼아 일해 보기로 했다. 그런데 일을 시작하자 혼자 집에만 있을 때보다 기운이 나고, 삶에 활력이 생겼다. 하루 4시간 노동이 가져다 준 놀라운 변화였다.

👀 보는 사람 없어도 열심히 일하는 이유

한 건당 4시간을 기준으로 운영되는 플랫폼 가사 노동 서비스. 이곳에서는 고객의 선택을 받아야 일할 수 있다. 동희 씨는 플랫폼에서 일감을 살펴보고 자신이 일하고 싶은 곳에 견적을 넣는다. 그러면 고객은 여러 매니저들 가운데 한 명을 고르고, 그제야 매칭이 이루어진다. 일대일 맞춤 가사 서비스가 시작되는 것이다.

만약 가사 노동 서비스를 이용하기로 마음먹었다면 어떻게 해야 할까? 일단 핸드폰을 열어 해당 플랫폼의 애플리케이션을 시작하면 된다. 그리고 가사 노동 서비스를 원한다고 올리면 여러 매니저가 프로필을 보내온다. 고객은 매니저의 프로필, 경력, 가격 등의 조건을 하나하나 따져 본다. 그중에서 어떤 사람이 선택될까? 아마 해당 가사 매니저의 서비스를 이용했던 다른 고객의 별점과 후기가 아닐까? 후기가 더 좋은 매니저, 별점이 더 높은 매니저를 선택할 확률이 매우 높다. 그러고 보면 플랫폼에서 이뤄지는 음식 배달 서비스와 별반 다르지 않다. '별점'은 플랫폼 노동자들이 절대 피할 수 없는 중요한 기준이다. 플랫폼 위에서는 노동자도 이용자도 별점에서 자유로울 수 없다.

이렇게 동희 씨는 고객의 선택을 받아 일감을 얻는다. 플랫폼을 통해 매칭된 고객과 약속한 날이 되면 고객의 집까지 자신의 차로 이동한다. 걸어서 이동할 수 있는 거리의 일감을 얻는 건 운이 아주 좋은 경우고, 그렇지 않은 경우가 더 많기 때문에 대부분은 차로 이동한다. 이때 드는 기름값, 이동 시간은 수입에 반영되지 않는다. 이것만이 아니다. 청소 도구나 세제 등도 고객 서비스를 위해 필요하면 사비로 구입한다.

약속한 시간에 고객의 집에 도착하면 플랫폼 앱을 열어 '시작' 버튼을 누른다. 출근 도장을 찍는 것이다. 집주인이 집을 비운 경우에는 비밀번호를 공유해 준다. 이때는 반드시 청소 전 집안 상태를 꼼꼼하게 촬영한다. 출근과 퇴근의 기록을 남기는 것이기도 하고, 청소 전후의 모습을 보여주는 자료이기도 하다.

누구 하나 지켜보는 사람 없지만, 동희 씨는 일을 잠시도 쉬는 법이 없다. 오히려 누가 보고 있는 것처럼 더 열심히 일한다. 바로 별점 때문이다. 동희 씨의 수입은 고객의 별점과 후기에 따라 결정된다. 고객에게 어떤 평가를 받느냐에 따라 수입이 달라지는데 한 시간에 최소 5,000원에서 최대 8,000원까지 차이가 난다. 고객이 만족하면 높은 별점으로 이어지지만, 고객이 만족하지 않으면 낮은 별점으로 이어진다. 어떻게 하면 고객의 마음에 들지 세심하게 신경을 쓰며 일하다 보면 약속한 4시간을 훌쩍 넘기기 일쑤다.

플랫폼 가사 매니저들은 보통 네 등급으로 나뉘며 등급에 따라 수입도 다르다. 처음에 입사하면 일반 매니저, 회사에서 시행하는 시험을 보고 통과하면 홈 매니저, 그리고 경력이 몇 년인지에 따라 스타 매니저, 마스터 매니저로 나뉜다. 이 등급에 영향을 주는 중요한 요소가 바로 별점이다. 고객의 별점 평가는 일할 수 있는 기회뿐만 아니라, 건당 수익도 결정한다. 심지어 별점에 따라 등급이 좌우되는데 등급이 떨어지는 경우도 많다. 중간에 일을 잠시 쉬면 등급이 낮아져서 한 번 시작하면 일을 쉴 수가 없다. 좋은 후기와 별점을 유지하려면 더 자주, 더 오래 일해야 한다. 시간 외 추가 노동과 서비스 청소를 한다고 해서 돈을 더 버는 것은 아니지만 마다하지 않는다. 이렇게 해야 좋은 후기를 받기 때문이다.

동희 씨 역시 정해진 노동 시간은 4시간이지만 30분에서

한 시간씩 일을 더 하는 경우도 많다. 이 역시 고객을 만족시키기 위한 서비스다. 지켜보는 사람이 없어도 쉴 틈 없이 청소하는 것도 이 때문이다.

초창기 플랫폼에서 가사 노동 서비스를 시작했을 때만 해도 시간당 수입이 2만 원까지 책정됐다. 하지만 최근에는 시간당 1만 2,000원에서 1만 6,000원 정도로 낮아지고 있다. 똑같은 시간을 들여서 일해도 별점에 따라 노동의 대가가 달라지다 보니 노동자는 별점을 유지하거나 높이기 위해 더 많은 시간을 들여 더 열심히 일할 수밖에 없다. 토요일과 일요일까지 무리해서 일하기도 한다. 원하는 시간에 원하는 만큼 일할 수 있어 시작한 플랫폼 노동. 하지만 플랫폼 위에서 일하다 보면 누가 시킨 것도 아닌데 끊임없이, 더 많이 일하는 자신을 발견한다. 왜 이런 아이러니한 상황이 생기는 것일까.

🗨️ ★별 바라기 인생

플랫폼 가사 노동자는 고객이 매긴 별점에 따라 등급이 나뉘고, 그 등급에 따라 임금이 달라진다. 하지만 그 별점이란 것이 늘 공평하고 공정하지만은 않다. 왜 5점 만점에 5점이 아닌지, 도대체 어떤 부분에서 1점이 깎인 건지 노동자는 결코 알

수가 없다. 그저 주어지는 별점을 그대로 수용해야 한다.

별점뿐만이 아니다. 고객이 부당하게 항의하는 경우도 종종 생기지만 가사 노동자가 대응할 수 있는 방법은 없다. 얼마 전 동희 씨는 한 고객에게 청소가 하나도 돼 있지 않은 것 같다는 항의 문자를 받았다. 싱크대 위에 하얀 가루가 떨어져 있다는 것이었다. 내용만 보면 동희 씨가 청소를 꼼꼼히 하지 않은 것처럼 보인다. 이런 경우 동희 씨가 실수로 놓친 건지 아닌지 정확한 확인이 필요한데, 이것을 확인하는 것은 플랫폼 회사가 아닌 동희 씨 몫이다. 다시 고객의 집으로 향하는 동희 씨. 확인해 보니 고객이 청소가 돼 있지 않다고 한 부분은 동희 씨가 분명히 청소한 부분이었다. 청소할 때도 흰 가루가 계속해서 떨어져서 여러 번 청소했던 곳이다. 알고 보니 고객은 인테리어 시공 때문에 생긴 문제를 청소가 제대로 되지 않은 것이라 오해한 것이다. 이런 경우, 대부분의 고객은 정확한 요인을 파악하는 대신에 항의를 하고 별점을 낮게 주면서 후기에 불만을 쏟아낸다.

사실 이런 경우에도 하소연할 곳이 없다. 자신이 속해 있는 회사 입장과 고객의 입장을 배려해서 늘 최선을 다하지만 억울한 일을 당하면 온전히 동희 씨 혼자 감내해야 한다. 너무나 외롭고 고독한 싸움인 것이다. 사소한 고객의 불만은 물론이고 자신이 잘못하지 않은 일로 오해가 생길 경우에도 모른 척할 수 없다. 이 일이 다음 일에도 지장을 주며, 고객의 기분을 상하게 했다가 더 안 좋은 별점 테러로 이어질 수도 있기 때문이다. 결국 돌아오는 건 낮은 임금뿐이기에 플랫폼 가사 노동자는 별점과 후기를 위해 더 희생하고, 더 많은 일을 할 수밖에 없다.

심지어 규정에도 없는 사후 서비스까지 나서서 해 주고도 별점 테러를 당하는 경우도 있다. 이런 면에서 보면 플랫폼 노동자에게 별점이라는 평가는 야속하다. 결국 일관된 기준이 없기에 일단 고객 만족을 최우선으로 해야 하며, 고객의 기분과 감정을 건드리지 않는 것이 중요하다.

그렇다면 고객은 과연 얼마나 성실하게 별점을 주고, 후기를 작성할까. 정확한 기준이라는 것이 있기는 한 걸까? 고객의 별점이 한 플랫폼 노동자의 가치를 결정하고, 심지어 수입까지 결정하지만 정확한 기준이란 없다. 이들이 한 번 매긴 별점은 필터링조차 거치지 않은 채 노동자에 대한 평가로 이어진다. 노동자 입장에서는 모든 서비스의 퀄리티를 유지해야 하는 부담을 홀로 떠안아야 하는 셈이다.

"왜 이렇게 모든 것이 별점으로만 평가되는지 이해가 안 돼요. 별점을 허위로 매기는 경우도 많거든요. 그런데 왜 별점으로만 노동의 가치를 평가하는지 안타까워요."

좋은 후기와 높은 별점을 받으려고 시간 외 노동과 서비스 청소도 마다하지 않았던 동희 씨. 결국에는 몸에 무리가 왔고, 통원 치료를 받느라 잠시 일을 쉬었더니 아니나 다를까 별점이 더 떨어지고 말았다. 시급이 더 낮아지지 않으려면 아픈 몸을 이끌고 계속 일할 수밖에 없다. 실제로 몇 개월 일하다가 몸이 좋지 않아서 그만두는 매니저들도 많다. 이런 일이 하루 이틀 반복되다 보니 보람으로 시작한 일이 스스로를 지치게 만든다. 별점이 대체 뭐기에 동희 씨는 별점에 목을 매는 별바라기가 돼 버린 걸까.

ᵒᵒᵒ 09:30　　　★ ★ ★ ★ ★　　　🔋

"고객님 정리와 청소 마무리했습니다.
저는 퇴근합니다~ 후기 글과 별점 5점 만점으로 꼭 부탁드려요
~"

오늘도 동희 씨는 일을 마친 뒤 고객에게 문자를 남긴다. 별점에 따라 일할 기회도 건당 수입도 달라지기에 플랫폼 노

동을 하는 한, 누구도 별점에서 자유로울 수 없다.

💬 나의 고용주를 찾습니다

2018년 기준 우리나라 플랫폼 노동자 수는 약 54만 명으로 추산된다. 이 중 가사 노동자는 약 14만 2천 명으로 전체 플랫폼 노동자의 3분의 1에 해당한다. 하지만 이들은 노동자가 아니다. 특히 플랫폼 회사는 플랫폼을 매개로 매니저와 고객이 자유롭게 만나고 서로 선택하는 구조라는 것을 내세워 가사 노동자를 고용하지 않았다고 이야기한다. 심지어 최저임금이라는 기준도 없다. 고용된 임금 근로자에게는 노동자들끼리의 경쟁에 의해 임금이 낮아지는 것을 방지하는 최저임금제가 있다. 하지만 플랫폼 노동은 고용이 아니므로 최저임금제의 적용을 받지 않는다. 따라서 무한 경쟁이 불가피하고, 임금도 안정적이지 않다.

기존 회사에서의 고용을 생각해 보면 노동자들에게 일을 시킬 때 직접적으로 지시를 내리고 지휘, 감독을 받는 것이 노동자성, 근로자성을 인정하는 중요한 판단 지표로 작용한다. 하지만 플랫폼에서는 직접 지휘, 감독을 하지 않고 서비스 이용자와 플랫폼 노동자들을 중개할 뿐이다. 하지만 정말 그럴까?

별점이나 고객 평가로 노동자의 임금을 결정하고 그에 따라 일감을 제한하는 경우, 정말 플랫폼 업체가 중개만 한다고 할 수 있을까.

문제는 이것만이 아니다. 플랫폼 가사 노동자가 일하다 문제가 발생하면 어디에서도 구제받을 수 없다. 청소 일을 하다가 사고가 나거나, 고객이 오해를 하거나 불만 사항을 이야기하는 등 고객과의 소소한 갈등조차 플랫폼 회사는 해결해 주지 않는다. 그저 중개자라는 입장만 고수할 뿐이다. 따라서 플랫폼 노동자 스스로 시간과 비용을 들여 이 모든 문제를 해결해야 한다. 동희 씨는 고객이 불만을 이야기하면 시간을 쪼개서 다시 고객의 집을 찾는다. 다시 청소를 해 주는 것은 물론, 고객을 직접 만나 오해를 풀기도 한다. 이렇게 우여곡절 끝에 고객과의 오해가 잘 풀려도 별점에 변화가 생기는 경우는 비일비재하다. 고객이 오해로 발생한 불만 내용을 후기로 남기고 얼마 뒤 동희 씨의 별점이 5점 만점에서 4.9점으로 떨어졌다. 5점에서 4.9점. 겨우 0.1점 차이가 아니냐고. 그 0.1점이 뭐 그리 큰 차이가 나느냐고 반문하는 이도 있을지 모르겠다. 하지만 이 0.1점 차이로 등급이 낮아지고, 수입이 줄어든다. 이것이 본인의 잘못으로 인한 경우가 아닐 때는 더 억울하다.

노동자 입장에서는 별점이 왜 떨어지는지, 무엇이 문제인지 이해하기 힘들고 궁금한 것도 많지만 정작 답해 줄 해당 플랫폼 업체와는 전화 연결조차 되지 않는다. 하루 종일 고객센터와 연결을 시도해도 묵묵부답이고 문자를 보내면 형식적인 답변만 돌아올 뿐이다. 그저 더 열심히, 노력하라는 말이다.

"마스터 별점 기준은 4.93점 이상인 경우 마스터 등급이 됩니다. 매니저님의 현재 별점은 4.9로 아주 근소한 차이로 스타 매니저시네요. 최근 10건의 후기로 고객님의 별점이 산정되니 조금만 더 분발해 주시면 되겠습니다."

가사 노동은 고강도 노동이다. 그래서 가사 노동을 평생 한 어머니들만 떠올려 봐도 허리 통증이나 손목 통증은 마치 훈장처럼 갖고 있다. 동희 씨도 가사 서비스 일을 하면서 이 같은 통증에 시달려 매주 시간이 날 때마다 병원을 찾는다. 일을 하다가 몸에 문제가 생겨 병원에 다니고 있지만, 치료비도 지원받지 못한다. 이것은 가사 서비스만의 문제가 아니다. 2019년 국가인권위원회의 자료에 따르면 플랫폼 노동자에게 분쟁이 발생했을 경우, 조정 해결 절차가 제대로 적용된 건 단 6.7%에 불과했다. 고객의 집 화장실을 청소하다가 미끄러져서 손목뼈가 나가도 피해는 고스란히 노동자 홀로 떠안아야 한다.

가사 노동자는 현행 근로기준법상 노동자가 아니므로 산재 처리를 받을 수 없는 탓이다. 일하지 못해 생계에 지장이 생겨도 개인사업자 신분이라 대출조차 받기 힘들다.

플랫폼에서는 인공지능 알고리즘과 데이터를 누가 소유하고 있는가에 따라서 권력의 정도가 달라진다. 이런 구조 속에서 플랫폼 기업의 책임은 한없이 가벼워지고 비용은 낮아지는 반면, 모든 부담은 고스란히 노동자에게 전가된다. 결국 조금이라도 더 벌기 위해 장시간 근로를 하거나 불안정한 노동을 감수해야 하며, 이런 구조적 문제는 점점 더 심각해지고 있다. 가사 노동 서비스는 결혼과 출산, 육아로 경력이 단절된 동희 씨에겐 새로운 기회였다. 플랫폼에서 노동이 거래되지 않았다면 동희 씨는 영영 이런 기회를 잡지 못했을지도 모른다. 최근 그의 고민이 깊어지는 것도 이 때문이다. 자유롭고 싶어서 시작한 플랫폼 노동. 처음엔 정말 자유로웠다. 하지만 지금은 이것이 진짜 자유로운 것인지 동희 씨는 확신이 없다. 자유에 대한 모든 책임은 고스란히 플랫폼 노동자의 몫이 되는 플랫폼 세상. 플랫폼 노동자로서의 고민을 함께 나눌 회사도, 상사도, 동료도 그의 곁엔 없다. 플랫폼 노동의 이면에는 너무나 씁쓸하고 외로운 각자도생의 세상이 펼쳐지고 있다.

고소득과 주 90시간 노동 사이에서

위
시
켓
김
철
우

💬 바쁜 아빠에서 일등 아빠로

매일 아침 아파트 앞에서 유치원 버스를 기다리는 시간, 대부분의 아이들은 엄마나 할머니의 손을 잡고 나오지만 시연이는 아빠와 함께 등원을 준비한다. 유치원 버스를 기다리는 무리에서 남자는 철우 씨뿐이다. 처음에 주변 사람들은 물론이고 유치원 선생님도 '오늘은 시연이 아빠가 휴가인가 보다.'라고 생각했단다. 하지만 하루 이틀, 일주일이 지나도 늘 아빠와 함께 나오는 시연이를 보면서 사람들이 수군대기 시작했다.

"시연이 아빠는 백수인가 봐."

요즘이야 아빠가 아이를 등원시키는 풍경이 꽤나 익숙하지만 철우 씨가 처음 시연이를 등원시킬 때만 해도 이상하게 보는 시선이 많았다. 실제로 동네 사람들은 철우 씨가 '백수'인 줄 알았다고 했다. 매일 아침 아이를 등 · 하원 시키고, 놀이터에서 아이와 놀아 주는 모습이 회사에서 잘린 '백수'처럼 보인 것이다. 하지만 지금은? 백수가 아니라는 게 알려진 뒤 동네 사람들의 부러움을 한 몸에 받고 있다. 도대체 어떻게 하면 아이와 그토록 많은 시간을 보낼 수 있느냐고 비결을 묻는 사람도 많다.

사실 철우 씨가 아이와 많은 시간을 보내기 시작한 건 잘 다니던 대기업을 그만둔 뒤부터다. 회사를 그만두니 일단 잠자는 아이를 보면서 출근하고 별을 보며 퇴근하지 않아도 됐다. 아이와 함께 일어나고 함께 아침 식사를 한 게 얼마 만인지….

철우 씨에게는 집이 곧 직장이다. 플랫폼 노동자가 되기로 결심한 뒤 사무실을 따로 구하는 대신 드레스룸을 업무 공간으로 바꿨다. 웹 서비스 개발자인 터라 노트북만 있으면 시간과 장소의 구애를 받지 않고 일할 수 있었다. 그렇다 보니 자연스럽게 아이와 보내는 시간도 많아졌다. 집에 머문다고 아이와 더 많은 시간을 보내는 것은 아니지만, 철우 씨가 회사를 그만두면서 다짐한 것이 있었다. 대기업에 다닐 때는 늘 프로젝트 때문에 야근이며 주말 근무를 해야 할 만큼 바빴다. 어쩌다 주말에 쉬더라도 가족과 시간을 보내는 대신, 부족한 잠을 청했으니 가족에겐 빵점 아빠였다.

서운해 하는 아내와 딸아이에게 미안한 마음이 들다가도 그 많은 월급을 받으려면 바쁘게 일하는 건 당연하다고 스스로를 다독였다. 하지만 마음 한 편에서는 정작 가장으로서 중요한 일들을 해내지 못하는 것은 아닌지 늘 고민이었다. 어느샌가 바쁜 철우 씨를 대신해 집안 대소사는 아내가 책임지고 있었고, 두 사람의 사랑의 결실인 아이가 태어났지만 육아 역시 온전히 아내 몫이 되고 말았다. 철우 씨 혼자 아이를 돌본 일은 손에 꼽을 정도. 문득문득 이대로 괜찮을까 싶었던 즈음, 개발자로서 새로운 시도와 변화가 필요하다는 결심이 섰고 마침내 결단을 내렸다. 안정된 대기업 대신 자유로운 플랫폼에서 새로운 도전을 시작하기로.

플랫폼에서 IT 웹 서비스 개발자로 제2의 인생을 살고자 결심하면서 스스로에게 두 가지를 약속했다. 그동안 엄두도 내지 못했던 집안일과 육아에 적극적으로 나서기로 한 것이다. 처음에는 서툴렀지만 이제는 집안일도 육아도 능숙해져서 아내에게 실력을 인정받을 정도다. 직장에서 해방됐을 뿐인데, 철우 씨의 삶은 이전과 180도 달라졌다. 아이는 부모의 등을 보고 자란다고 했던가. 시연이를 보면서 철우 씨는 자신의 선택이 틀리지 않았음을 느낀다. 아빠 보기를 돌같이 했던 아이는 이제 아빠와 가장 친한 친구가 됐고, 어린이집에서도 늘 아빠를 주제로 이야기꽃을 피운다고 한다. 아이와 함께 운동하고, 문화센터에도 가고, 병원에도 가는 등 평범해 보이는 일상을 보내는 것이 얼마나 행복한 일인지. 무엇보다 매일 조금씩, 하지만 놀랍도록 빠르게 크는 아이를 바라보는 것, 그리고 그시간을 함께 보낼 수 있다는 것은 철우 씨에게 더없이 소중하다. 바쁜 아빠 대신 일등 아빠가 되는 것이 이토록 행복한 일인 줄 이제라도 알아 얼마나 다행인지 모른다.

💬 영업보다 실력이 우선인 플랫폼 세상

철우 씨는 웹 시스템, 웹 사이트, 모바일 앱을 만드는 개발자다. 개발자라면 누구나 한 번쯤 꿈꾸는 삶이 있다. 몸담고 있는 회사에서 벗어나 자신의 실력대로 평가받는 프리랜서의 삶. 안정된 정규직으로 있다 보면 프리랜서의 삶을 선택하기가 쉽지 않다. 하지만 철우 씨는 자신의 커리어를 한 단계 업그레이드하고 싶은 마음이 컸고, 그것이 과감한 도전으로 이어졌다.

그가 매일 아침 일을 시작하기 전에 둘러보는 곳이 있다. 바로 7만여 명의 IT 개발자들이 가입된 플랫폼이다. 웹 사이트나 모바일 앱을 만들고 싶어 하는 고객과 일감을 찾는 개발자들이 이곳에서 만난다. 예를 들어 고객이 배달 앱을 만들고 싶다는 의뢰를 플랫폼에 올리면 개발자들이 지원해서 일을 수주해 거래가 이뤄진다.

의뢰인은 남녀노소 누구나 가능하며 직업과 분야도 다양하다. 개인 사업을 위한 홈페이지를 만들기 위해, 교육 콘텐츠 앱을 만들기 위해, 회사에서 업무를 자동화하기 위해, 스타트업에서 새로운 사업을 구상하기 위해서 등 목적도 다양하다. 최근에 온라인 구매와 소통이 활발해지면서 웹 사이트 개설이 필수가 됐고, 철우 씨와 같은 개발자들에게는 수많은 일거리가 쏟아지고 있다.

플랫폼에서 계약까지 성사되려면 보통 3단계를 거쳐야 한다. 첫 번째는 고객의 프로젝트 의뢰가 뜨면 개발자들이 개인의 포트폴리오와 견적서를 넣는 단계다. 두 번째 단계는 미팅,

세 번째 단계가 계약이다. 철우 씨는 매일 아침 새롭게 올라온 프로젝트를 하나하나 검색한다. 그중에서 어떤 것이 잘할 수 있는 일인지, 예상 금액은 자신이 정한 기준과 맞는지 꼼꼼하게 따져 본 뒤 일하고 싶은 곳에 포트폴리오와 견적서, 지원서를 보낸다.

프로젝트 수주 확률을 높이려면 일단 미팅까지 가는 것이 중요하다. 그래서 철우 씨는 프로젝트에 지원할 때, 의뢰인이 제작하고 싶어 하는 프로젝트와 가장 비슷한 포트폴리오를 모아서 보낸다. 자신의 경력이 고객이 원하는 것을 가능하게 만들리라는 믿음을 주기 위해서다. 포트폴리오 다음으로 중요한 것은 지원서다. 이때 철우 씨는 두 가지를 강조한다. 첫째 성실함 즉, 무슨 일이 있어도 시간 약속은 엄수한다는 것. 둘째는 유연함, 고객과 단가를 자유롭게 협상할 수 있다는 점을 어필한다.

의뢰인은 여러 지원자를 검토해서 선정하고, 미팅을 진행한다. 미팅 후 플랫폼을 통해서 해당 개발자와 계약하겠다는 의사를 밝히면 그제야 계약이 성사되고 일을 수행한다. 하나의 프로젝트를 맡기까지는 최소 10대1의 경쟁률을 뚫어야 하니 결코 만만치 않은 과정이다.

하지만 철우 씨는 이러한 과정이 더 투명하고 공정하다고 생각한다. 플랫폼 노동을 알기 직전, 철우 씨가 작은 IT 개발 회사를 차리며 겪은 일들 때문이다. 프로젝트 하나를 따기 위해선 실력보다 영업이 더 중요한데, 그 영업의 범위는 무궁무진했다. 하나부터 열까지 신경 쓸 것이 너무 많았다. 당시만 하더라도 웹 개발자를 찾으려면 주변에 아는 사람을 통해야만 했다. 아는 사람 중에 괜찮은 개발자가 있는지 모두 인맥으로 사람을 찾고 일을 받는 식이었다. 그렇다 보니 철우 씨가 사업하면서 가장 고군분투했던 것이 영업이었다. 일감을 수주하기 위해서 여러 사람들을 만나느라 늘 핸드폰을 붙들고 있었고, 저녁은 사람들과의 약속으로 가득했다. 여러 프로젝트를 수주하려면 일하는 시간만큼 영업에 공을 들여야 했다. 보통 큰 프로젝트가 하나 생기면 업체가 다시 하청에 하청을 주기 때문에 영업이 중요할 수밖에 없었다. 개발자의 실력보다 인맥과 영업력이 중요한 평가 기준이었다. 하지만 플랫폼에서는 영업이라는 평가 기준이 없다. 일감을 찾아다니지 않더라도 그곳에 수많은 일감이 있었다. 이곳에서 중요한 것은 철우 씨의 다양한 경력, 지금까지의 작업 결과물이었다. 의뢰인들은 철저히 철우 씨의 실력을 보고 일을 맡겼다.

　이처럼 철우 씨가 플랫폼에서 느낀 건 모든 개발자가 똑같은 출발선에 있다는 것이었다. 일할 수 있느냐 없느냐를 같은 조건과 기준에서 평가받을 수 있었다. 그 정도로 플랫폼에는 누구에게나 평등하고 공정한 기회가 있었다.

📼 대기업 사표, 후회하지 않는 이유

우리나라 굴지의 대기업 출신이라는 이력 때문일까. 철우 씨가 대기업을 나와 플랫폼 노동을 하고 있다고 하면, 열에 아홉은 그 좋은 직장을 왜 나왔느냐고 묻는다. 이 말의 숨은 의미는 보통 이런 것이리라. 좋은 보수를 왜 포기했느냐고. 아마 대기업보다 돈을 적게 번다고 생각하기 때문일 것이다. 하지만 정말 그럴까? 결론부터 말하면 연차와 경력, 실력을 두루 갖춘 철우 씨의 수입은 대기업에 다닐 때보다 더 많다.

하지만 모든 웹 개발자가 철우 씨처럼 수입이 좋다고 생각하면 안 된다. 철우 씨는 10년 넘게 쌓아 온 경력과 그에 맞는 실력도 뒷받침되어 고수익을 얻고 있지만, 만일 사회 초년생이라면 이야기는 달라진다.

웹 개발자는 프리랜서다. 프리랜서는 단지 프리랜서이기 때문이 아니라 해당 분야에서 경력과 실력을 쌓아 자신의 이름이 곧 브랜드가 될 때 그 가치가 올라간다.

철우 씨가 원하는 것도 자신만의 브랜드였다. 회사에서 철우 씨가 개발자로서 참여하는 프로젝트는 짧게는 3개월, 길게는 6개월 이상 걸렸다. 하지만 아무리 대규모의 프로젝트를 수행하더라도 프로젝트가 끝난 뒤 철우 씨에게 남는 건 그저 고과 한 줄이 전부였다. 그동안 자신이 프로젝트 완수를 위해 지새운 수많은 밤, 휴일까지 반납하며 일에 매달렸던 수고를 생각하면 일을 해냈다는 성취감보다는 허무감이 더 컸다. 이런 허무감은 연차가 쌓일수록 더 커졌다.

'만일 내가 이 프로젝트를 스스로 주도하면서 진행했다면?', '이렇게 노력하고 최선을 다해 프로젝트를 성사시켰다면?' 이런 생각이 꼬리에 꼬리를 물었다. 프리랜서가 되면 주도적으로 프로젝트를 만들어 나가고 더 큰 성취감을 얻을 수 있겠다는 확신이 들었다. 이런 고민을 해결해 준 곳이 바로 플랫폼이었다. 철우 씨는 플랫폼에서 꿈을 실현시켰고, 생각한 것보다 훨씬 다양한 경험을 하고 있다. 회사에서 주어진 일만 하던 것과 달리 스스로 아이디어를 내고 일감을 찾아 나선다. 온라인·모바일 시장이 점점 더 커지는 것을 눈으로 보면서 오프라인 시장을 온라인으로 옮겨 오는 방법도 고민하기 시작했다.

예를 들어 수제화라면, 신발을 맞추기 위해서는 매장을 직접 방문해 발 사이즈를 재는 작업이 필수다. 하지만 철우 씨는 매장을 직접 방문하지 않고도 핸드폰으로 발 사이즈를 재서

맞춤 수제화를 구매할 수 있는 서비스를 만들고 있다. 발 길이, 폭, 발의 특징을 촬영한 뒤, 고객과 직접 전화 통화해서 그 밖에 요청 사항을 취합해 고객 맞춤형 수제화를 만드는 것이다. 이런 서비스에 관심을 갖는 업체들도 많아 철우 씨의 프로젝트는 순항 중이다. 직장 다닐 때에는 그저 주어진 일만 하기에 바빴다. 하지만 프리랜서가 되니 좋아하는 분야를 좀 더 눈여겨보고 거기에서 사업 아이디어를 얻는 경우도 많다. 온라인 수제화 거래 플랫폼을 만들겠다고 생각한 것도 평소 생각이 반영된 결과다.

철우 씨는 지금 자신의 삶에 매우 만족한다. 사실 안정된 직장을 버리고 플랫폼 노동자가 되는 것은 쉬운 결정이 아니었다. 매달 꼬박꼬박 들어오는 월급의 중요성 혹은 안정감을 이제야 느끼는 것도 사실이다. 그가 홀몸이 아닌 한 가정의 가장이기 때문에 더 그랬다.

하지만 다행히도 그는 직장에 다닐 때만큼만 일해도 그때보다 수입이 많다. 정해진 월급을 받는 것은 아니지만 일한 만큼 돈을 받기 때문이다. 개인 사업과 비교해도 플랫폼 노동이 좀 더 안정적이다. 개인 사업을 했을 때에는 돈을 떼이는 일도 종종 있었고, 그것이 큰 스트레스였다. 하지만 플랫폼에서 일하면서는 돈을 떼인 적은 한 번도 없다. 직장을 다니면서는 느끼지 못했던 일하는 즐거움과 프로젝트를 완수했을 때의 성취감, 그리고 다양한 커리어를 착실하게 쌓고 있다는 점은 스스로가 생각하기에도 긍정적인 변화다.

하지만 한 가지 고민이 있다. 아직까지는 일이 끊이지 않고 있지만, 지금의 현실이 언제까지 영원할 수 있느냐이다. 게다가 대기업 직장인으로서 당연히 누렸던 4대 보험이나 퇴직금, 복리후생은 플랫폼 노동자가 된 후에는 전혀 보장받지 못한다. 그뿐인가. IT 기술의 발달로 플랫폼을 구축, 확장하는 비용도 과거에 비해 저렴해지고 있다. 경쟁은 치열해지고, 단가는 점점 더 낮아지고 있다. 결국 미래를 대비하지 못하고 있다는 불안감을 떨쳐내고자 저축과 투자에 열심히 눈을 돌리게 된다는 철우 씨. 그런데 이게 비단 철우 씨만의 문제일까?

💬 일을 안 하면 수입은 0원

'원할 때, 하고 싶은 만큼 일할 수 있다'는 것. 이것은 플랫폼 노동자에겐 가장 큰 불안 요소다. 바꿔 말하면 원할 때, 하고 싶은 만큼 일한 것만 수입으로 연결된다는 뜻이기 때문이다. 그렇다면 일하지 않는 시간은? 돈을 벌지 못한다는 뜻이다. 플랫폼에서 전업으로 일하는 노동자들이 결코 일을 쉬엄쉬엄

할 수 없는 것도 이 때문이다. 플랫폼 위에서는 누구든 어디에도 고용돼 있지 않지만 누구보다 더 치열하게 더 오랜 시간 일한다.

주로 집에서 일하는 철우 씨. 흔히 집에서 일한다고 하면 쉬면서 일한다고 생각하기 쉽다. 철우 씨도 처음에는 그랬다. 그가 처음 재택근무를 시작했을 때만 해도 가족들은 매일이 휴일 같았다. 철우 씨가 출근하지 않자 온 가족이 함께 보내는 시간이 늘어났다. 집안일과 육아에서도 해야 할 일들이 눈에 들어왔다. 그런 일들을 조금씩 아내와 함께 해 나가고 가족들과 보내는 시간이 전보다 많아진 건 긍정적인 변화였지만 한 가지 문제가 생겼다. 가족과 함께 시간을 보낸 날이면 어김없이 일에 지장이 생겼다. 가족과 보낸 시간만큼 늦은 새벽까지 일하거나 밤을 새야 했다.

한 집안의 가장인 그에게 가장 두려운 것은 일이 없는 것이다. 플랫폼에서는 일을 계속해야만 수입이 생긴다. 일하지 않으면 수입은 0원이다. 냉정하지만 이것이 현실이다.

플랫폼에서 일감을 얻을 때 중요한 것은 가격 경쟁력이다. 프로젝트 하나에 경쟁률은 최소 10대1. 여기에서 선택을 받으려면 손해를 보더라도 의뢰인이 제안하는 가격에 맞춰야 한다. 견적서를 넣을 때 지원 금액을 100만 원이나 낮추는 경우도 많다. 의뢰인이 단가를 후려치려 하는 것도 아닌데 경쟁에서 이기기 위해 스스로 단가를 낮추는 것이다. 이렇게 낮아진 단가는 모두 플랫폼 노동자가 감당해야 할 몫이다. 결국 조금 덜 자고 더 많이 일해야 한다.

단가를 점점 낮춰야 하는 것도 문제지만, 계약서에 없는 일이 하나둘 늘어나는 것도 부담이다. 웹 서비스 개발 같은 경우, 일하다 보면 대체로 일의 양이 조금씩 늘어나곤 한다. 의뢰인과 개발자가 생각하는 작업의 범위가 서로 달라서 생기는 일인데, 이럴 때 개발자는 늘 '을'이 된다. 철우 씨는 고객이 계약에 없던 내용이나 부당한 요구를 해도 대부분 수용하는 편이다. 추가 요금이 발생해도 요금을 청구하지 않는 경우도 많다. 이번 일이 다음의 일에도 영향을 미치기 때문이다.

결국 플랫폼에서 활동하는 웹 개발자도 피해갈 수 없는 것이 바로 별점이다. 철우 씨 역시 고객의 별점과 후기에서 자유로울 수 없다. 별점이 낮아지거나 안 좋은 후기가 달리면 다음 프로젝트를 진행할 때 결코 유리하지 않다. 무엇보다 한 번 잘못 달린 별점과 후기는 되돌릴 수 없다.

한 번은 고객의 추가 요청으로 예상한 기한보다 일주일이나 시간을 더 투자해 고객의 요청 사항을 수행한 일이 있었다. 물론 추가 비용은 받지 않았다. 하지만 의뢰인은 철우 씨가 약속한 날짜에 업무를 완수하지 못했다는 후기를 남겼다. 분명 사실과 다른 내용이었지만 철우 씨는 그 어디에도 하소연할 수 없다. 그가 할 수 있는 일이라고는 이것은 사실과 다르다는 댓글로 해명 아닌 해명을 할 뿐이다. 플랫폼에서는 이토록 억울한 일이 생겨도 하소연할 곳이 없다. 그렇기에 일단 문제 자체가 생기지 않도록 조심하고 또 조심하며 고객의 요구를 최대한 수용하려고 노력한다. 일을 무사히 완료해도 안심할 수 없다. 다음 일이 정해져 있지 않기 때문이다. 별점이 어떤 영향을 줄지, 나에게 맞는 새로운 프로젝트가 계속 있을지 미지수고, 내일 일이 보장된 것도 아니다.

플랫폼에서 일하며 철우 씨는 잠이 부쩍 줄었다. 불안해서 쉬이 잠을 이루지 못한다. 열심히 노력한 덕에 대기업에 다닐 때보다 수입이 늘었지만 여전히 불안하다. 그래서 일이 잘되고 있는데도 습관처럼 늦은 밤까지 플랫폼 위에서 일감을 계속 찾는다. 한 집안의 가장으로서 '일이 없는 상태'가 되지 않기 위해 쉼 없이 자신을 채찍질하는 것이다.

💬 주 90시간 노동자로 사는 것

코로나19는 우리의 일상을 완전히 바꿨다. 학교에 가지 않고도 수업을 받고, 회사에 출근하지 않고도 화상으로 회의를 하고 일도 한다. 미래에는 지금처럼 회사라는 공간이 없어도 될 거라는 이야기까지 들리는데, 정말 그런 세상이 앞당겨질지도 모르겠다. 그런 의미에서 보면 플랫폼 위에서 일하는 사람들은 재택근무의 원조라고 할 수 있지 않을까.

대기업을 그만두고 플랫폼 노동자가 된 철우 씨 역시 재택근무를 선택했다. 처음에는 그를 백수로 보는 주변 사람들의 시선이 신경 쓰였고, 일과 휴식이 분리되지 않는 문제, 시간 관리의 어려움을 겪었다. 여러 가지 시행착오 끝에 철우 씨는 일을 좀 더 효율적으로 하기 위해 두 가지 습관을 바꿨다.

첫 번째는 시간 관리다. 직장 생활할 때는 시간 관리라는 것을 해 본 적이 없었다. 하루 스케줄이 정해져 있기 때문이다. 하지만 출근을 하지 않으면서 가장 어려운 것이 바로 시간 관리였다. 아내와 함께 집안일을 하고 아직 손이 많이 가는 아이를 돌보다 보면 정작 가장 중요한 '일'은 우선 순위에서 밀리기 일쑤였다.

재택근무 초기에는 일에만 집중하기가 어려웠다. 그래서 철우 씨는 매일, 매주, 매달 단위로 스케줄을 정리했다. 프로젝트 마감 일을 목표로 그 안에 수행해야 할 일을 적었다. 이렇게 해야만 여러 가지 프로젝트를 동시에 진행해도 일정이 꼬이지 않는다. 무엇보다 누군가 정해 주는 것이 아니라 스스로 일을 찾아서 하고, 의뢰인과 약속한 날짜를 지키려면 시간 관리가 중요하다. 시간을 자유롭게 쓸 수 있다 해도 어떤 프로젝트건 절대적인 시간이 필요한 법이다. 따라서 일을 효율적으로 수행하려면 시간 관리는 필수다.

두 번째는 공간 관리다. 주말과 휴가 때 온전히 쉬고도 월급이 들어오는 직장 생활과 달리 플랫폼 노동은 일한 만큼 돈이 들어오는 구조다. 따라서 플랫폼 노동자들은 대부분 일과 휴식의 경계가 없다. 그러다 보니 집에서 일할 때 공간 분리가 중요하다. 새벽까지 일하고 잠자러 방에 들어갔다가 의도하지 않게 아내를 깨운 일도 여러 번 있다. 처음에는 단순히 집에서 일만 한다고 생각했으나 일하는 시간이 늘어날수록 공간에 정확한 역할을 부여하기로 했다.

과거에는 드레스룸에 책상 하나만 두고 작업실이라고 여겼는데, 지금은 누가 봐도 철우 씨의 사무 공간으로 변했다. 작업의 효율을 높이기 위해 성능 좋은 컴퓨터에 모니터도 세 개나 갖춘 어엿한 업무 책상이 있고, 한쪽에는 새벽까지 일할 때 잠시 눈을 붙일 수 있는 간이침대도 있다. 프로젝트 마감 일이 가까워 오면 꼬박 일주일을 이 방에서만 머물기도 한다. 이런 패턴에 가족들도 완벽하게 적응했다.

"플랫폼 노동에서 최저 시급 같은 건 아예 없어요. 주 52시간 근무제도 당연히 없고요. 노동 강도가 훨씬 밀도 있고 세다고 봐요."

플랫폼 노동에서는 최저 시급이 없다. 이제는 널리 정착된 주 52시간 근무제도 철우 씨에겐 해당되지 않는다. 그렇다 보니 일주일 동안 일하는 시간이 90시간을 넘는 경우가 비일비재하다. 일과 휴식의 경계도 사라진 지 오래다. 간단한 외출을 할 때도, 심지어 휴가를 갈 때조차 노트북을 가지고 간다. 고객의 요청 사항이 있으면 그 자리에서 노트북을 열어 바로 업무를 처리한다. 노트북만 있으면 언제든 어디서든 일할 수 있지만 바꿔 말하면 이는 언제든 어디서든 일해야 한다는 뜻이기도 하다.

철우 씨는 자기 계발도 게을리하지 않는다. 회사에 다닐 땐 상사나 동료를 통해서 배우고 주기적으로 업무 역량 교육도 받으니 따로 자기 계발이라는 걸 해본 적이 없었다. 그것의 필요성도 크게 느끼지 못한 것이 사실이다. 하지만 플랫폼 노동을 하면서 이런 생각은 완전히 달라졌다. 특히 IT 업계는 그 어떤 분야보다 기술과 트렌드에 민감하다. 그래서 철우 씨는 주기적으로 관련 책도 읽고 자료도 찾아보며 공부를 게을리하지 않는다. 이렇게 스스로 익힌 트렌드 감각과 실력은 곧 수입으로 연결된다. 스스로 더 많은 일을 할수록, 일을 잘하기 위해 더 많이 공부하고, 투자할수록 수입과 직결되는 것이 보이니 무엇 하나 소홀히 할 수 없다.

💬 플랫폼에서는 모든 것이 COOL하다

플랫폼 노동은 4차 산업혁명의 새로운 트렌드다. 사람들은 플랫폼으로 더욱 활발하게 소통하며 노동 역시 플랫폼으로 거래한다. 과거에는 학연, 지연, 혈연 등 인연이라는 것이 중요했다. "우리가 남이가~"라는 유명한 말처럼 말이다.

철우 씨도 혈연, 지연, 학연으로 일하던 때가 있었다. 그 덕을 보기도 했지만, 회사 다닐 때 가장 힘들었던 것을 꼽으라면 바로 인간관계였다. 상사와 동료들을 챙기고 친하게 지내야 하고, 한두 번씩은 만나서 식사하며 회식도 해야 하는 등 일보다 신경 쓸 것이 더 많았다.

하지만 플랫폼에서 일하면서 이런 것들은 대부분 후순위로 밀려났다. 플랫폼에서 맺는 인간관계는 매우 쿨한데 한마디로 일만 하고 헤어지는 관계다. 그것도 서로 필요한 것을 정확하게 해 주면 되는 쿨한 사이라서 일만 잘하면 다른 것은 전혀 문제가 되지 않는다. "술 한 잔 하자", "밥 한 번 먹자"는 의례적인 말조차 필요 없다. 그저 이번에 일을 잘하는 게 최선이고, 다음에 또 일하자는 이야기가 최고의 칭찬이다. 누구보다 발 빠르게 플랫폼 노동에 뛰어든 철우 씨는 플랫폼 노동이 가장 현대적인 트렌드를 반영하고 있다고 생각한다.

IMF 외환위기 이후 한국 사회에서 정규직 일자리는 점점 줄어들고 비정규직 일자리와 외주화 비율이 크게 늘었다. 그리고 4차 산업혁명은 노동이 건당으로 거래되는 플랫폼 노동 시대를 열었다. IMF 외환위기 때만 하더라도 노동을 바라보는 시선은 두 가지였다. 정규직과 비정규직. 정규직은 좋은 일자리, 비정규직은 안 좋은 일자리라는 인식이 강했다.

하지만 플랫폼에서는 근로자가 아닌 개인사업자 형태의 계약을 통해 '너와 내가 동등한 계약자'임을 강조한다. 따라서 통제의 방식이 이윤을 창출하는 임금이 아니라 실적에 따른 '건당'으로 수입을 책정하고, 심지어 고객도 평가에 참여하게 만들었다. 결국은 자본주의에서 가장 효율적으로 이윤을 창출할 수 있는 방식을 만들고 유지하는 게 플랫폼 경제인 것이다.

전 세계적으로 초단기 노동을 제공하는 임시직 근로자가 늘고 있다. 일감을 받아 그때그때 일하는 비정규직 형태의 노동자로 공유 택시 운전기사나 플랫폼 배송기사, 그리고 웹 개발자 등이 대표적이다. 4차 산업혁명은 모든 산업과 기술을 연결했고, 플랫폼 비즈니스의 영역은 점점 더 커지고 있다. 철우 씨 같은 수많은 웹 개발자들이 플랫폼 사업에 도전장을 내미는 것도 이런 흐름 때문이다. 빠르게 변화하는 사회 속에서 자신만의 기술로 새로운 노동 시장에 도전장을 내민 철우 씨. 그는 오늘도 플랫폼에서 네트워크를 확장할 수 있는 다양한 아이디어를 고민하고 있다.

고졸 출신의 N잡러

크몽 김수양

💬 고졸이라는 꼬리표

수양 씨는 요즘 사람들이 꿈꾸는 'N잡러'다. 주업은 메이크업 아티스트 겸 헤어 스타일리스트. 하지만 '일대일' 메이크업 레슨을 하는 강사이자 동영상 채널을 운영하는 크리에이터, 그리고 플랫폼 기획자이기도 하다. 자신의 취미와 재능으로 여러 개의 직업을 갖는 것이 요즘 트렌드지만, 수양 씨가 N잡러가 된 이유는 바로 고졸이라는 꼬리표 때문이었다.

수양 씨가 메이크업의 세계에 발을 디딘 건, 어머니의 권유 탓이다. 중학생 때부터 미용사인 어머니를 도와 온 수양 씨는 눈썰미와 손재주가 남달랐다. 이를 눈여겨본 어머니는 딸이 미용사의 길을 걷길 바랐고 한국화를 배우고 싶다는 딸을 설득해 메이크업 학원에 보냈다. 열다섯, 수양 씨는 처음으로 메이크업의 세계에 발을 내딛었다.

메이크업 아티스트인 수양 씨는 늘 짐이 많다. 길을 가다 거리에서 수양 씨를 만나면, 열에 아홉은 여행자로 여길 것이다. 작은 체구에 24인치 캐리어를 끌고 다니는 모습이 무척 인상적인데, 캐리어 안에는 수십 가지가 넘는 형형색색의 메이크업 도구가 가득하다.

그중에서도 가장 눈에 띄는 것은 오래된 메이크업 박스로, 메이크업을 처음 배웠을 때부터 써 왔으니 어느덧 11년째 사용하고 있다. 누가 봐도 낡고 오래된 박스지만 수양 씨는 그 박스를 버리지 않고 소중히 여긴다. 메이크업이 자신의 전부이자 꿈이 된 그 순간이 너무도 소중하기 때문이다.

어머니의 권유로 시작했지만 메이크업 일은 수양 씨의 적성에 아주 잘 맞았다. 그 결과 한눈팔지 않고 한길만 꾸준히 걸어 지금까지 왔다. 사실 수양 씨가 중학생의 나이로 메이크업 아티스트가 되겠다고 했을 때만 해도 많은 오해를 받았다. "공부하기 싫어서 그런 걸 배운다", "어린 것이 무슨 메이크업이냐", "겉멋만 잔뜩 들어서 그렇다"는 이야기를 들어야 했다.

열다섯, 메이크업보다는 친구와의 수다가 훨씬 즐거울 나이지만 수양 씨가 품은 꿈이라는 씨앗은 차근차근 싹을 틔웠다. 누구보다 열심히 실력을 쌓은 결과 고등학교를 졸업할 즈음엔 여섯 개의 메이크업 자격증을 손에 쥘 수 있었다. 어려운 가정 형편을 누구보다 잘 알기에 일찍부터 대학 진학이라는 선택지를 지우고 메이크업에만 매달린 결과였다. 수양 씨는 자신이 할 수 있는 만큼 진지하게 꿈을 향해 한 발짝씩 다가가고 있었다.

이른 나이에 배운 기술로 수양 씨는 사회생활도 남들보다 일찍 시작했다. 메이크업을 배우는 틈틈이 18살 때부터 대학교의 영화 제작 현장에서 분장팀 아르바이트로 용돈을 벌었다. 그 덕분에 고등학교를 졸업하며 곧바로 영화 제작사 분장팀에 취업할 수 있었다. 이때까지만 해도 수양 씨는 '운이 좋아도 너무 좋다'고 생각했다.

하지만 영화 분장팀 일은 녹록치 않았다. 영화 제작사 분장팀은 파리 목숨인 데다 짧게는 한 달, 길어도 서너 달 동안만 지속되는 한시적 일자리여서 경제적 안정과는 거리가 멀었다. 메이크업 아티스트로서 그나마 안정된 수입을 얻으려면 메이크업 숍에 들어가는 게 최선이었다. 그래야 매달 정해진 날짜에 월급을 받을 수 있으니 말이다. 하지만 수양 씨에게 숍에 들어가는 문턱은 너무나 높았다. 메이크업 숍에 지원하려면 최소한 대학 졸업 이상의 학력이 필요했지만, 그녀에겐 대학 졸업장이 없었다. 그녀는 한마디로 기준 미달이었다.

"전문대 졸업생이 아니면 안 돼요."
"4년제 대학 졸업생이 아니면 안 돼요."
"우리 숍에 취직하려면 우리 숍에서 운영하는 아카데미를 수료해야 해요."

이력서조차 낼 수 없는 현실 앞에서 최고의 메이크업 아티스트가 되겠다는 오랜 꿈은 한순간 물거품이 되고 말았다. 그때 수양 씨가 느낀 상실감은 이루 말할 수 없었다. '학력'이 곧 '실력'이 되는 취업 시장은 그녀에게 냉정하기만 했다. 그동안 메이크업 아티스트가 되겠다며 무작정 열심히 달려온 삶이 초라해 보였고, 남들 다 가는 대학 진학을 포기한 것은 너무나 잘못한 선택이었다는 생각에 괴로웠다.

지금까지의 노력이 송두리째 부정당하는 느낌까지 들었다. '인생 실패라는 게 이런 걸까', '이쯤에서 메이크업 아티스트를 그만두어야 하나' 하는 뼈아픈 고민이 시작됐다.

프리랜서 세계에서 '랜찮은' 사람이란

요즘 프리랜서라는 말을 흔하게 사용한다. 방송국 아나운서
들의 '프리 선언' 등 미디어나 주변에서 '프리'라는 말을 한 번
쯤은 들어봤을 것이다. '프리'는 프리랜서의 줄임말로, 이들은
어떤 회사나 단체에 전속으로 고용된 사람이 아니라 자유 계
약에 의해 일한다. 일반적인 직장인처럼 아침 9시에 출근하고
저녁 6시에 퇴근하는 '루틴'이 아니라 계약한 업무에 관해서만
'원하는 시간'에 일하는 것이다.

코로나19 팬데믹으로 대규모 해고, 일시 해고, 근로 시간 단
축 등 정규 노동 시장은 초토화됐지만 프리랜서 시장만큼은
오히려 성장했다. 온라인 프리랜서 마켓 플레이스인 '프리랜서
(Freelancer)'의 최근 보고서에 따르면, 2020년 4~6월 프리랜
서 구인 건수는 60만 5,000천 건으로 전년 동기 대비 41% 증
가했다고 한다.

이렇게 우리에게 익숙해진 '프리랜서'라는 말은 어디에서
유래했을까. 프리랜서(free-lancer)의 어원은 중세 시대로 거슬
러 올라가야 한다. 프리랜서는 자유로운 창기병(Lancer)을 지

칭하는 단어로, 특정한 왕이나 귀족에 매여 있지 않고 떠돌아다니면서 일거리를 찾는 '용병'을 뜻한다. 일반 기사들처럼 주군을 가지지 않고 자유로이 세상을 돌아다니면서, 봉급을 주는 영주에게 일정 기간 봉사하는 사람들이 바로 프리랜서였던 것이다. 창을 든 기병으로 어디에도 얽매이지 않고 스스로를 지키는 독립적인 존재라는 의미에서 보면 지금의 프리랜서와도 일맥상통하는 듯하다.

수양 씨도 프리랜서다. 자유롭게 일거리를 받아서 일하지만 그 일들은 대개 초단기, 건당으로 이뤄진다. 화려한 조명 뒤에서 묵묵히 일하는 사람들 중에 그가 있다. 한 패션쇼 사진 촬영 현장에서 수양 씨는 메이크업 아티스트와 헤어 스타일리스트 두 가지 업무를 소화하고 있었다. 그녀는 촬영하는 내내 잠시도 쉴 틈이 없었다. 컷 소리가 나기 무섭게 모델의 헝클어진 머리를 다듬어 주고 조명에 맞게 화장을 고친다. 머리카락 몇 올, 메이크업 상태에 따라 완성도가 달라지기 때문에 세심하게 살피는 것이다. 촬영이 진행되는 순간에도 모델에게서 눈을 떼지 않는 그녀의 모습은 프로페셔널 그 자체였다.

주어진 일에 이토록 최선을 다하는 이유는 모든 일이 그에겐 처음이자 마지막이기 때문이다. 그녀는 자신이 하는 일이 '일용직 노동자'와 다르지 않다고 말한다. 누군가에게 선택받아야만 일할 수 있는 프리랜서의 운명, 안정적인 고용 계약이 아닌 '건당'으로 계약이 이뤄지는 현실 때문이다. 수양 씨에게 가장 좋은 시나리오는 한 번 맺은 인연이 다음으로, 또 다른 기회로 이어지는 것이다. 그렇기에 어떤 일이든 경험이 된다고 생각하고 최선을 다한다. 이날의 일도 수양 씨에게는 특별한 기회였다. 헤어·메이크업 아티스트를 찾는 현장에서 건너건너 사람을 구하다가 그녀에게까지 연락이 닿은 것이다.

왜 하필 수양 씨였을까? 아마 그녀가 '괜찮은 사람'으로 알려졌기 때문일 것이다. 프리랜서의 세계에서는 소위 '괜찮은 사람'이 선택을 가늠하는 중요한 기준이다. 그렇다면 괜찮은 사람은 과연 어떤 사람일까? 굳이 말하자면 일은 잘하는지, 성격은 좋은지, 약속은 잘 지키는지, 성과도 잘 내는지, 사람들과 잘 어울리는지, 나이는 어린지, 경력은 많은지 등 기준이 천차만별이다. 다행히도 그녀는 주변 사람들에게 '괜찮은 사람'으로 알려져 있었다. 중학생 때부터 메이크업을 해 온 솜씨는 실전에서 빛을 발했고, 언제나 웃는 얼굴로 사람들을 대하는 모습이 좋은 인상을 남겼기 때문이다. 덕분에 알음알음 소개도 많이 받아 일자리가 끊이지 않는 편이다.

비정규직, 프리랜서 노동자들의 마음 한구석에는 항상 이런 불안함이 있다.

'일이 끊기면 어떡하지?'

내 삶을 일정 기간 동안 보장해 줄 만한 일자리가 없는 것은 어제보다 오늘 더 열심히 살아야 할 동력이 되기도 하지만, 그만큼 불안감을 떨칠 수 없다는 의미이기도 하다.

고향을 떠나 서울살이를 한 지도 벌써 6년. 수양 씨는 내 몸 하나 건사하며 사는 것이 얼마나 어려운지 매일매일 느끼고 있다. 아무도 나를 찾지 않을까 봐 언제나 마음 한구석이 불안하다. 그래서 프리랜서들은 끊임없이 활로를 찾을 수밖에 없다. 수양 씨도 그런 불안감 때문에 더 많은 일에 관심을 갖게 됐다. 그게 프리랜서에게 주어진 운명이자 숙명이라고 여기면서. 이렇게 보면 그녀가 플랫폼 노동에 관심을 가진 것 역시 어쩌면 당연한, 피할 수 없는 일이었는지도 모른다.

💬 꿈을 포기하지 않게 해 준 플랫폼

여러 일자리를 전전하며 방황하다가 정규직 일자리를 꿈꾸던 때가 있었다. 하지만 기회가 있다 해도 '고졸'이라는 이유로 번번이 좌절하다가 우연히 친구를 통해 재능 공유 플랫폼을 알게 됐다.

"너 언제까지 그렇게 놀고 있을 거야? 너 누구 가르쳐주고 싶다며! 그거 한번 해 봐!"

친구는 기억하고 있었다. 그녀가 중고등학생 때 메이크업을 배우면서 했던 말을.

이른 나이에 메이크업을 배운 수양 씨는 친구들 사이에서 '화장하는 방법'을 알려주는 선생님으로 통했다. 이제 막 화장에 눈뜬 친구들에게 화장법을 알려주고, 화장해 주는 것이 또 다른 즐거움이었다. 하지만 무엇보다 친구들의 반응을 볼 때 큰 보람을 느꼈다. 친구들이 행복해하는 표정, 그리고 수양 씨의 실력을 보고 대단하다고 하는 말 한마디가 무척 큰 힘이 됐다. 그때부터였다. 수양 씨가 사람들에게 메이크업을 가르쳐주는 일을 하고 싶다고 생각한 것은. '그래. 뭐라도 해보자!'라고 결심하자 일은 일사천리로 진행됐다. 수양 씨가 눈길을 돌린 재능 공유 플랫폼에서 그에게 요구하는 건 대학 졸업장이 아니었다. 지금 가진 재능과 경력, 그리고 핸드폰이면 충분했다.

메이크업 아티스트인 수양 씨가 플랫폼에 뛰어든 건 2018년. 그때만 하더라도 메이크업을 재능으로 사고파는 사람은 거의 없었다. 그는 플랫폼에서 메이크업이라는 재능을 사고팔 수 있다는 것을 몸소 보여준 개척자다. 플랫폼을 매개로 이뤄지는 일대일 메이크업 수업은 수양 씨가 가장 자신 있는 분야이 기도 했지만, 그의 경험이 크게 작용했다. '친구들이 그랬던 것 처럼 다른 사람도 메이크업을 잘하는 방법을 알고 싶어 하지 않을까?', '만일 그렇다면 시간 제약 없이 나만의 재능과 능력 을 파는 것도 가능하지 않을까?' 이런 생각으로 플랫폼을 활용 하기 시작했고, 반응은 그야말로 폭발적이었다.

지금은 마음만 먹으면 쉽게 '원데이 클래스'를 경험할 수 있는데 그게 뭐 그리 특별하냐고 반문할지도 모르겠다. 하지 만 수양 씨가 처음 재능 공유 플랫폼에 '메이크업 원데이 클래 스' 공고를 올렸을 때만 해도 지금처럼 수요가 많지 않았다. 게 다가 플랫폼에 공고를 올리자마자 고객과 연결되는 것은 쉬 운 일이 아니었다. 수양 씨와 고객의 니즈가 잘 맞아떨어져야 했다.

수양 씨는 아직도 그날의 기억이 생생하다. 바로 첫 번째 원 데이 클래스 수업을 한 그날 말이다. 재능 공유 플랫폼에서 만 난 첫 번째 고객이라는 데에 의미를 두고 최선을 다했다. 한 시간 반으로 예정된 수업은 두 시간이 넘도록 이어졌다. 그날 메이크업 수업을 마치고 집으로 돌아오는 길에 수양 씨는 복 잡한 감정에 휩싸였다. 내가 그토록 하고 싶어 했던 일이 이렇 게 간단하게 이뤄지다니. 메이크업 수업을 한다는 글을 올린

것뿐인데, 이렇게 쉽게 고객과 연결될 수 있다니. 숍에 들어가지 못한다는 이유로 메이크업 아티스트를 포기하려 했던 자신이 바보처럼 느껴졌다. 한편으로 혼란스럽기도 했다. 대학 졸업장도 없는 데다 유명 숍 출신도 아닌 자신이 이렇게 돈을 벌다니 너무 감사하다는 생각도 들었다. 이런 혼란스러운 감정을 다독인 것은 바로 첫 고객이 남긴 후기였다. 그날 그는 거리에서 펑펑 울며 집으로 돌아왔다.

ıll 09:30   ★ ★ ★ ★ ★

"어떻게 메이크업 해야 할지 잘 모르고 또 못해서 늘 어려웠는데 너무나 재미있고 쉽게 설명해 주셔서 즐거운 배움이었습니다. 배운 걸 다시 한 번 총 정리하고 피부에 맞는 제품도 추천해 주셔서 수업 후 로드 숍 돌아다니면서 메이크업 제품 고르는 재미도 있었어요. 동생도 저도 너무 만족했던 유익한 시간이었습니다. 감사드려요."

그날 원데이 클래스로 번 돈은 10만 원. 수양 씨는 자신이 번 10만 원으로 좋아하는 치킨과 맥주를 마음껏 마셨다. 플랫폼은 어쩌면 영영 이루지 못할 거라 여기던 꿈을 이룰 새로운 무대일지도 모른다는 기대감에 가득 차서.

지금이야 핸드폰으로 모든 것이 연결되지만, 플랫폼 노동이 처음 등장했을 때만 해도 아무도 가 보지 않은 길이었다. 하지만 오랜 시간 프리랜서로 단련된 수양 씨에게는 문제될 것이 없었다. 가 보지 않은 길이라기보다 도전해야 할 세상이라는 생각이 더 컸으니까. 그리고 플랫폼 세상은 막연한 꿈을 실현시켜 준 기회의 장이기도 했다.

수양 씨가 메이크업 수업을 하고 싶다고 이야기했을 때, 사회에서 돌아오는 질문은 똑같았다.

"대학은 나왔어?"

"자격증은 있어?"

하지만 플랫폼 세상에서는 달랐다. 학벌이나 자격증이 있느냐고 묻는 대신 "무엇을 가르치고 싶어?", "그러기 위해서 어떤 경력을 쌓았어?"라고 물었고, 수양 씨가 하고 싶은 것을 할 수 있는 기회를 주었다.

태어나면서부터 디지털 언어와 장비를 자유롭게 다뤄, 마치 모국어처럼 사용하는 세대를 '디지털 네이티브'라고 한다. 디지털 네이티브 세대에게 플랫폼은 불확실한 미래를 대비하는 기회의 장이다. 플랫폼은 누구에게나 열려 있다. 유튜브만 봐도 알 수 있다. 유명인이든 아니든 똑같은 출발선에서 자신만의 콘텐츠를 소개하고, 그 콘텐츠의 양과 질에 따라 구독자 수가 갈린다. 그야말로 남녀노소, 지위 고하, 국적 불문의 장이다. 누구에게나 기회가 공평하게 주어지기 때문에 수양 씨에게 플랫폼 세상은 지금까지 경험한 사회보다 공정하게 느껴진다. 플랫폼 세상에서는 남들과 조금 다른 삶을 살아온 수양 씨에게 '남들처럼' 정해진 기준을 충족해야 한다고 말하지 않는다. 대신 실력만으로 그녀를 평가한다.

그런 플랫폼에서 가장 중요한 것은 별점과 후기다. 실제로 일대일 메이크업 수업을 신청한 고객들은 수양 씨 수업에 대한 별점과 후기가 선택에 큰 영향을 미쳤다고 말한다. 플랫폼 노동자에게 별 다섯 개는 특별한 의미를 지닌다. 별점으로 매겨지는 평가에 따라 수입이 좌우되기 때문에 플랫폼 위에서는 별점을 잘 받는 것이 매우 중요하다. 이러한 구조 탓에 플랫폼 노동자들은 별점 평가에 매달릴 수밖에 없다. 별점 평가를 잘 받으려면 불특정 다수의 사람들을 만족시켜야 하며 그러려면 단순히 메이크업만 잘해서는 안 된다. 고객과의 만남부터 일이 마무리되는 순간까지 신경 쓸 것이 한두 가지가 아니다. 시간 약속과 빠른 응답은 기본이며 친절과 상냥한 말투도 몸에 배여 있는 것이 좋다.

건당 계약으로 일하는 프리랜서에게 시간은 곧 돈이지만 고객에게 최선을 다하기 위해서, 고객에게 원하는 별점을 얻기 위해서 시간을 초과해 서비스를 제공하는 건 예사다. 때로는 손해를 감수하더라도 다양한 '리워드'를 제공하고, 수업이 끝나면 별점 평가와 후기를 좋게 남겨 달라는 인사도 잊지 않는다. 혹자는 이렇게 반문할지도 모른다. 학벌로만 평가받는 현실과 별점과 후기로만 평가받는 플랫폼을 비교하면 플랫폼이 훨씬 더 냉정한 것 아니냐고. 하지만 수양 씨는 '학력'이 곧 '실력'이 되는 취업 시장이 훨씬 더 가혹했다고 말한다. 어쩌면 사회가 정한 기준 대신 노력하고 애쓰는 만큼 성과로 이어지는 플랫폼 세상이야말로 수양 씨가 지금껏 만난 그 어떤 세상보다 공정한지도 모른다.

수양 씨의 고객 서비스는 별점과 후기로 이어진다. 매일같이 캐리어를 들고 다니며 만난 수많은 사람이 수업을 받은 뒤 별점과 후기를 남기고, 그에게 달린 수많은 별점과 후기를 보고 다른 고객들은 수양 씨를 찾는다. 이러한 플랫폼 위의 순환 과정에서 수양 씨는 더 많은 기회를 얻고 있다.

📟 5분 대기조? 24시간 영업 중!

재능을 공유하는 플랫폼. 겉보기에는 그저 자유롭고 평범하지만 사실 노동자들에게 이곳은 총성 없는 전쟁터나 다름없다. 시간과 공간의 제약 없이 원하는 시간에 고객을 만나 일할 수 있는 것이 장점이지만, 정작 수양 씨는 퇴근이라는 단어를 머릿속에서 지운 지 오래다. 플랫폼에서 일한 뒤로는 언제나 핸드폰에서 손과 눈을 떼지 못한다.

그녀의 핸드폰에서는 낮과 밤을 가리지 않고 시시때때로 알림이 울린다.

"○월 ○일에 수업을 받고 싶은데 가능한가요?"

플랫폼 서비스를 이용하려는 고객에게 연락이 오는 시간은 정해져 있지 않다. 아침 7시에도 새벽 2시에도 연락이 온다. 여기서 중요한 건 재능 공유 플랫폼에는 플랫폼 노동자가 고객의 질문과 요청에 답하기까지 걸린 '평균 응답 시간'이 꼬리표처럼 기록된다는 점이다. 고객 입장에서는 이것도 중요한 평가 요소다. 빠른 결정을 하기 위해 모두가 빠른 피드백을 선호한다. 빨리 묻고 결정하고 싶을 때, 만일 누군가의 평균 응답 시간이 하루나 이틀이라고 쓰여 있다면 알아서 거르게 되지 않을까?

수양 씨의 평균 응답 시간은 '한 시간 이내'다. 응답 속도가 플랫폼에서는 중요한 경쟁력인데, 한국인의 특징 중 하나인 '빨리빨리'는 플랫폼에서도 예외가 아니다. 빠르게 답하는 사람이 먼저 기회를 잡기 때문이다. 이것은 모두 수입과 직결된다. 플랫폼에서 경쟁이 치열하면 치열할수록 응답 시간은 아주 사소해 보이지만 중요한 선택 기준이 될 수밖에 없다.

평균 응답 시간이 한 시간이라는 것은 늘 핸드폰을 응시하고 있어야만 가능하다. 수양 씨는 어딜 가나 핸드폰을 들고 다니는 것은 물론이고, 새벽 1시가 넘어 고객 문의가 와도 깨어 있다면 반드시 답변한다. 핸드폰을 손에 꼭 쥔 채 잠드는 날도 허다한데 단 한 명의 고객도 놓치지 않으려면 어쩔 수 없다. 처음 플랫폼에 익숙하지 않았을 때는 고객을 놓치기 일쑤였다는 수양 씨. 그래서 알람을 놓칠까 봐 항상 불안하고 핸드폰 배터리가 '0%'에 가까워질수록 마음이 초조하다. 이런 수양 씨의 일상은 마치 '5분 대기조, 24시간 영업 중'이라는 문구를 떠올리게 한다. 그에게 퇴근이라는 단어는 언감생심이라는 게 이해가 간다. 깨어 있는 모든 순간이 일을 하거나 일과 관련된 시간이니 말이다.

플랫폼 노동을 하면서 수양 씨에게는 거북목 증후군이 숙명처럼 찾아왔다. 하루 종일 핸드폰으로 고객을 만나고 상담하는 탓이다. 거기에 최근에는 안구 건조증까지 생겼다. 이십 대의 수양 씨는 현대인들이 앓는 질병 하나쯤 갖게 된 거라고, 열심히 일해서 얻은 병이라고 웃어넘긴다.

플랫폼 덕분에 잃은 것도 있지만 얻은 것은 더 많기 때문이다. 포기할 뻔했던 메이크업 아티스트라는 직업을 유지할 수 있었고, 좋아하고 잘하는 일로 먹고살게 됐으며, 무엇보다 어려서부터 바랐던 메이크업 강사라는 꿈까지 이뤘으니 말이다.

플랫폼 노동이라고 해서 클릭 몇 번으로 거래되는 쉬운 노동이라고 생각하면 오해다. 수양 씨처럼 플랫폼이 기회인 사람들은 오늘도 절박하고 치열하게 일거리를 찾아 헤맨다. 문제는 그 경쟁이 점점 더 치열해진다는 것이다. 수양 씨가 처음 플랫폼에서 메이크업 수업을 시작할 때는 일이 꽤 많이 들어왔다. 하지만 금세 사람들이 몰려들어 메이크업 분야에도 더 좋은 경력과 커리큘럼을 가진 경쟁자들이 많아졌다. 재능 공급자가 폭발적으로 늘자 플랫폼 회사는 얼마 전부터 이용료, 운영비, 홍보비 등을 명목으로 수익의 10%를 수수료로 가져가기 시작했다. 이토록 치열한 플랫폼에서 살아남기 위해 가장 신경 써야 하는 것은 바로 별점 관리다.

플랫폼 세상에서 플랫폼 노동자나 고객이 주목하는 것은 별점이다. 사실 일상에서도 별점 평가는 중요하다. 새로운 강의를 선택할 때도, 음식점이나 미용실을 방문할 때도, 음식을 주문할 때도 별점만큼 중요한 기준이 또 있을까? 우리가 숱하게 들은 이야기 중에 사람의 첫인상을 판단하는 데는 단 3초도 걸리지 않는다는 말이 있다. 플랫폼에서도 마찬가지다. 이 강좌가 좋은지 아닌지, 이 집이 맛집인지 아닌지 판단하는 데는 3초도 걸리지 않는다. 왜 그럴까? 바로 별점 때문이다.

플랫폼을 이용해 본 사람이라면 누구나 별점을 매겨 본 경험이 있을 것이다. 정해진 문답에 답하면서 별점을 매기기도 하고, 자신만의 기준을 가지고 별점을 매기기도 한다. 이렇듯 숱한 사람들의 평가가 모이고 모여 별점이라는 것을 만든다.

수양 씨는 높은 별점을 받기 위해 고객에게 더 많은 혜택을 주려고 노력한다. 메이크업 수업을 할 때 공간 대여 비용은 고객이 지불하는 것으로 되어 있지만 대개는 수양 씨가 부담한다. 고객에게 제공하는 일종의 서비스인 셈이다. 거리가 먼 곳으로 출장을 가는 경우에는 출장비가 붙지만, 받지 않을 때가 더 많다. 또 고객과 약속한 수업 시간은 90분이지만 수업을 하다 보면 시간이 초과되기 일쑤다. 플랫폼 노동에서는 시간이 곧 돈이지만 수양 씨는 이것 역시 감수한다. 장기적인 수입을 생각하면 고객을 만족시키는 것이 더 유리하다고 생각하기 때문이다. 플랫폼 노동을 하며 수양 씨는 고객에게 조금이라도 혜택을 주면, 결국 그것이 좋은 별점으로 돌아온다는 것을 경험으로 깨달았다.

"만약 내일 수업에서 1점짜리나 0.5점짜리 별점을 받잖아요? 그러면 아마 평균 점수가 4점, 4.5점대로 떨어질 거예요. 그러다 후기가 하나라도 잘못 달리면 완전 이미지가 망가지는 그런 상황이에요."

그런데 이런 의문이 든다. 이토록 사소한 것까지 신경을 써야만 별점을 유지할 수 있는 걸까? 정답은 '그렇다'이다. 플랫폼 세상에서는 노동자가 마치 상품처럼 별점으로 평가받고 거래된다. 따라서 고객의 별점이 달리는 순간까지 긴장을 늦출 수 없다. 이에 대한 불만이 있을 법도 한데 수양 씨는 별점이 나름 객관적인 지표라고 생각한다. 과거에 주변 소개나 인맥으로 일을 구할 때는 그저 '괜찮은 사람'이라는 주관적인 평판이 중요했지만, 플랫폼에서는 납득할 만한 기준이라는 것이 있기 때문이다. 게다가 직접 수업을 받아 본 경험자들이 보고 느낀 바를 솔직하게 후기로 남기고, 별점을 매겨 그녀가 어떤 사람인지, 어떤 실력을 갖고 있는지 가치를 증명해 준다.

수양 씨는 2년째 별점 다섯 개 만점을 유지하며 독보적인 위치를 차지하고 있다. 후기 역시 칭찬 일색이다. 별점을 잘 관리하면, 플랫폼 업체에서는 특별 별점을 부여한다. 바로 '프라임 등급'이다. 이것은 재능 공유 플랫폼의 각 분야에서 상위 2%만 받을 수 있는 일종의 훈장이다. 플랫폼 회사가 인정하고 보증한다는 징표인 셈이다. 그래서 프라임 등급을 받은 사람에게는 자연스럽게 고객이 더 많이 몰릴 수밖에 없다. 수많은 플랫폼 노동자들이 쏟아지는 상황에서 회사가 주는 훈장을 받은 사람이라고 보증해 주기 때문에 고객은 더 신뢰를 가지고 마음을 여는 것이다. 이처럼 고객과 플랫폼 회사를 모두 만족시킬 수 있었던 이유는 그가 플랫폼이라는 테두리 안에 있었기 때문이다. 플랫폼 안에서는 광고, 홍보, 결제 시스템이 모두 안정적으로 이뤄졌다. 만일 혼자 이 모든 일을 해야 했다면 아마 시작조차 하지 못했을 것이다.

초기부터 플랫폼의 바다에 뛰어들어 누구보다 많은 혜택을 누렸지만 그는 이것이 영원하지 않을 거라는 사실을 잘 알고 있다. 플랫폼 노동자로서 책임과 최선을 다하지 않으면, 아니

최선을 다하더라도 별점이 떨어지거나 안 좋은 후기가 달리는 일은 언제든 일어날 수 있기 때문이다. 수양 씨에게 플랫폼은 너무나 좋은 직장인 동시에 머지않아 이직해야 할 '살벌한' 직장이다. 그래서 '가슴 속에 늘 사직서를 품고 있는 직장인' 같은 심정으로 산다고 해도 과언이 아니다.

🔲 플랫폼에서 가장 빛나는 나

수양 씨의 어머니 금화 씨는 평택에서 작은 미용실을 운영하고 있다. 20년 경력의 미용사인 어머니는 수양 씨에겐 하늘 같은 대선배다. 집을 떠나 서울에서 생활하면서도 시간이 될 때마다 고향에 내려와 어머니의 일을 돕고 있는 수양 씨. 모녀는 비슷한 길을 걷고 있지만 일하는 방식은 너무나 다르다. 어머니는 큰돈을 들여 미용실을 차렸다. 그러다 보니 하나둘 단골 손님이 생겼다. 하지만 수양 씨에겐 미용실이 필요 없다. 핸드폰 속 플랫폼에 접속하기만 하면 언제 어디서든 일을 구하고 고객을 찾을 수 있다. 어머니에게는 아침 9시부터 밤 9시까지라는 영업 시간이 있지만, 수양 씨에게는 정해진 영업 시간이 없다. 이는 시간과 장소에 구애받지 않고 언제 어디서나 일할 수 있고, 또 일해야 한다는 뜻이기도 하다.

같은 분야에서 일하지만 일하는 방식은 전혀 다른 모녀. 두 사람은 코로나19 시기에도 다른 길을 갔다. 평택에서 미용실을 운영하는 어머니 경화 씨는 코로나19 여파로 심각한 위기를 맞았다. 방역 조치로 사회적 거리두기 단계가 높아지자 가게 문을 닫게 되면서 생계에 큰 타격을 입었다. 20년이 넘도록 눈이 오고 비가 와도 몸이 아파도 휴가 한 번 가지 않고 미용실 문을 열었던 그에게는 너무나 큰 시련이었다.

수양 씨에게도 코로나19는 위기였다. 메이크업은 사람을 직접 만나서 해야 하는 일인데 만남 자체가 불가능하니 메이크업 수업을 진행할 수 없었기 때문이다. 하지만 수양 씨는 이 위기를 기회로 만들었다. 그저 마음속으로만 생각했던 뷰티 디렉터라는 새로운 분야를 개척한 것이다. 덕분에 수양 씨는 그 어느 때보다 바쁜 나날을 보냈다. 뷰티 디렉터로의 도전은 그에게 돌파구가 됐다. 그리고 그 시작점은 역시 플랫폼이었다.

수양 씨는 일대일 메이크업 수업을 진행하면서 처음으로 유튜브를 시작했다. 오프라인 수업에서 고객들에게 공통적으로 받는 질문들이 있는데, 효과적으로 알려 줄 방법이 없을까 고민하던 차에 유튜브 채널을 개설한 것이다. 많은 사람에게 더 좋은 서비스를 제공하고, 더 좋은 별점을 받기 위해 부수적인 콘텐츠로 활용할 생각이었다. 처음에는 고객의 입소문을 타고 구독자 수가 천 명대를 유지하는 정도였지만 코로나19 이후에 만 명을 돌파했다. 개성과 노하우가 담긴 유튜브 영상 덕분에 수양 씨는 10년 넘는 메이크업 경력을 소유한 강사이자 실력을 갖춘 전문가로 인정받고 있다.

이렇게 뷰티 디렉터라는 새로운 분야를 개척한 N잡러 수양 씨는 요즘 행복한 비명을 지르고 있다. 여러 메이크업 업체에서 받는 러브콜 때문이다. 화장품이나 메이크업 도구 등을 소개해달라는 의뢰가 쏟아지는 바람에 낮에는 촬영하고 밤에는 편집하며 하루 24시간이 부족한 나날을 보내고 있다. 플랫폼에서 차곡차곡 쌓아온 시간이 없었다면 지금의 그도 없었을지 모른다. 지금까지 수양 씨는 단 한 번도 세상이 정해 놓은 길을 가지 않았다. 대신 새로운 변화를 감지하고 늘 도전하는 삶을 살았다. 그는 플랫폼이라는 새로운 무대에서 자신이 누구보다 밝게 빛난다는 사실을 잘 알고 있다.

프리랜서의 삶은 외롭다. 직장에 속해 있지 않으니 상사도 부하도 동료도 없다. 하지만 앞으로는 정규직보다 프리랜서의 세상이 될 것이다. 코로나19 덕분에 직장이라는 개념도 일에 대한 개념도 달라졌다. 어디에도 소속되지 않은 독립된 삶을 원하는 젊은 세대가 더욱더 늘고 있는 것도 이 때문이다. 수양 씨는 그런 프리랜서들을 응원한다. 그리고 자신의 길을 묵묵히 개척해 나가는 프리랜서들의 '페이스메이커'가 되고 싶다. 자율성을 보장받는 대신 모든 선택을 책임져야 하는 프리랜서들. 그 부담을 누구보다 잘 알기에 조금이라도 나눠지고 싶은 것이다. 앞이 보이지 않을 때 나와 같은 길을 걷는 누군가가 있다는 것만큼 든든한 건 또 없으니까.

"저한테 '너 이거 꽤 잘해'라고 이야기해 준 게 플랫폼이었어요. 플랫폼은 제가 노력하면 잘될 수 있다고 응원해 줘요."

나는 '라이더', 배달 노동자다

배민라이더스 박정훈

💬 철가방과 라이더의 시간

2002년 대학에 입학하면서부터 즐겨 찾던 학교 앞 중국집이 있었다. 짬뽕이 유명했는데 점심시간이면 적어도 30분은 줄을 서서 기다려야 했다. 대학가 주변에 맛집으로 소문이 나면서 배달원도 많았다. '따르릉~ 따르릉~' 전화벨이 울리면 중국집 이름이 붉게 적힌 철가방을 오토바이에 싣고 배달하던 시절이었다. 중국집 계산대 벽에 붙은 커다란 지도는 배달원들에게 지금의 '내비게이션' 역할을 했을 것이다.

이제는 드라마 〈응답하라〉 시리즈에서나 볼 수 있는 추억의 장면이지만 우리는 여전히 음식을 배달시킨다. 달라진 점이 있다면 중국집에 직접 전화를 거는 대신 배달 플랫폼 앱을 이용하는 것이다. 배달하는 사람들은 중국집 이름이 적힌 철가방이 아닌 배달 플랫폼 회사 로고가 새겨진 배달 가방을 들고 다닌다.

눈에 보이진 않지만 배달원들의 '신분'도 달라졌다. 그 시절 '철가방 배달원'은 중국집에 고용된 종업원이었다. 한 달 동안 일을 많이 하든 적게 하든 출퇴근 시간만 지키면 약속된 월급을 받았다. 하지만 '플랫폼 배달원'들은 정해진 출근지가 없다. 물론 정해진 출퇴근 시간도 없다. 대신 자신이 배달한 만큼 건당 수수료를 챙긴다. 한 음식점에 고용된 것이 아니다 보니 배달할 수 있는 음식 종류도 무궁무진하다. 짜장면은 물론 피자, 떡볶이, 심지어 커피까지 뭐든 배달한다.

중국집 배달원은 사라지고 라이더가 등장했다. 4차 산업혁명으로 불리는 IT 기술의 발전은 배달원을 직접 고용하지 않고도 그때그때 플랫폼을 통해 '건당 고용'이 가능하게 했다. '공유 경제'라는 이름 아래 한 명의 라이더를 여러 음식점에서 공유하는 시대가 된 것이다. '직업'은 있지만 고용된 '직장'이

사라진 시대, 궁서체의 식당명 대신 귀여운 문구로 어필하는 플랫폼 업체 로고가 새겨진 보온 박스를 실어 나르는 라이더가 등장한 것이다.

💬 건당 인생, 초 단위 경쟁에 내몰리다

토요일 오후 4시, 배달 라이더 정훈 씨가 출근을 한다. 오토바이에 시동을 걸고 음식점이 밀집한 서울 홍대 번화가에 다다른 뒤 서둘러 라이더 전용 앱에서 '출근' 버튼을 누른다. 토요일 오후 5시부터 8시까지는 라이더들 사이에서 '콜이 터지는 시간'으로 통한다. 한마디로 배달 주문이 쏟아지는 '피크 타임'인 것이다.

정훈 씨가 앱을 켜자 '띵동~' 알림음이 울린다. 앱 화면에 현재 정훈 씨가 위치한 곳에서 음식점까지의 거리, 음식 종류, 배달 가격 등의 정보가 표시된다. 라이더는 이 콜 대기 화면에서 자신이 원하는 콜을 수락할 수 있다. 배달 수수료가 괜찮은 콜을 선택하려는 찰나, 해당 콜이 사라지고 말았다. 어떻게 된 일일까? 망설이는 사이 정훈 씨보다 앞서 다른 라이더가 콜을 수락한 것이다. 이것이 바로 라이더들 사이에서 마치 전쟁처럼 치열하다는 초 단위 손가락 경쟁이다.

"건당 돈을 버는 시스템인데, 배달 건이 실시간으로 눈에 보입니다. 초 단위로 어떤 배달을 수락할지 선택하는 거죠. 방금 3,000원짜리가 떴어요. 이렇게 1초마다 3,000원짜리, 4,000원짜리, 5,000원짜리가 뜨는 거예요."

정훈 씨가 라이더 시스템을 설명하는 동안에도 대기 창에는 수많은 콜이 나타나고 사라지기를 반복했다. 어떤 콜을 선택할지 고민하는 시간이 길어질수록 기회는 줄어들 수밖에 없는 구조다. 라이더들에게 필요한 건 논리보다는 빠른 판단, 눈보다 빠른 손이다.

오토바이에 걸터앉은 채 핸드폰만 '뚫어져라' 바라보는 정훈 씨. 손으로 화면을 위아래로 움직이는 모습이 흡사 주식 시장 딜러와도 비슷하다. 실시간 변하는 주식 차트처럼 대기 창의 콜들도 초단위로 나타났다 사라졌다를 반복한다.

○○족발 2km 3,500원

○○떡볶이 1.5km 3,000원

○○치킨 3km 4,000원

음식점까지 픽업 거리와 배달지까지 거리에 따라 배달 수수

료도 달라진다. 정신없이 쏟아지는 콜들 속에서 마침내 정훈 씨가 수락 버튼을 눌렀다. 지금 있는 곳에서 얼마 떨어지지 않은 족발집 콜이다. 오후 5시 첫 콜을 잡았다.

"안녕하세요. 배달 왔습니다."

정훈 씨는 식당 문을 들어서자마자 라이더 앱에서 '가게 도착' 버튼을 누른다. 배달할 족발은 이미 포장돼 있다. 포장지에 붙은 배달지와 라이더 앱에 표시된 주소가 맞는지 다시 한 번 확인한다. 자칫 음식을 잘못 가져가면 음식점도 라이더도 난처한 상황에 처하기 때문이다. 포장된 족발을 배달 가방에 넣고 배달지를 확인한다. 2km 떨어진 아파트 단지다. '예상 배달 소요 시간 10분'을 입력한다. 음식에는 아직 따끈한 온기가 남아 있다.

목적지에 도착했다. 조금 오래된 복도식 아파트 단지다. 라이더로서는 신축 아파트보다 이런 복도식 아파트가 배달하기 수월하다. 비밀번호 없이도 아파트 현관에 들어갈 수 있고 무엇보다 아파트 벽면에 큼지막하게 동 번호가 쓰여 있어 주소를 찾기 쉽다. 105동 203호. 문 앞에서 다시 배달 앱을 켜서 배달 요구 사항을 확인한다.

"문 앞에 놓고 초인종을 눌러 주세요."

코로나 시대, 불필요한 대면 접촉을 피하려다 보니 이런 요구 사항이 크게 늘었다. 초인종을 누르자 잠시 뒤 누군가 문 쪽으로 다가오는 인기척이 들린다. 재빨리 발걸음을 돌린다. 문이 열리는 소리와 함께 "감사합니다."라는 한마디가 등 뒤에서 들린다. 앱에서 '전달 완료' 버튼을 누른다. 오늘 정훈 씨는 첫 배달 수익 '3,500원'을 벌었다.

💬 '똥콜'과 '금콜', '음식 모시기' 전투

아파트 단지 주변 번화가 쪽으로 오토바이를 몰았다. 음식점이 밀집한 지역 근처에 가야 콜이 뜰 확률이 더 높다. 교차로 신호등이 빨간불이다. 조금이라도 더 빨리 출발하려면 정차한 차량들 사이를 비집고 맨 앞쪽으로 가야 한다. 정훈 씨와 경쟁하는 라이더들이 출발선 쪽으로 하나둘 몰려들었다. 신호를 기다리는 순간에도 라이더들은 모두 핸드폰 화면을 수시로 확인한다. 남보다 조금이라도 빨라야 마음에 드는 콜을 잡기 때문이다. 저녁 6시, 도로 위에 라이더들이 눈에 띄게 늘었다. 가장 치열한 저녁 배달 전쟁이 시작된 것이다.

같은 배달권역에 수십 명의 라이더가 접속해 앞다퉈 주문을 잡는 경쟁을 '전투콜'이라고 부른다. 배달 대행업체에서 3,000원짜리, 5,000원짜리 판돈을 걸어 놓고 라이더들이 서로 먼저 빼앗아가게 만든 시스템. 알림음과 함께 표시되는 콜은 단 5초면 사라진다. 잠시라도 지체하면 기회는 다른 라이더에게 넘어간다. 0.1초에 승부가 갈리는 만큼 콜 대기 화면에서 눈을 뗄 수 없다.

"오늘은 콜이 조금 있는 편이네요."
"그러게요! 신나게 달려야죠."

정훈 씨가 옆에 출발 대기하는 라이더에게 조심스레 말을 건네자 콜 대기 화면을 바라보던 라이더가 짧게 대답했다. 같은 플랫폼 회사 로고를 달고 일하지만, 라이더들은 동료가 아니다. 언제든 나보다 1,000원 더 비싼 콜을 빨리 채갈 수 있는 경쟁 상대일 뿐이다.

신호등이 파란불로 바뀌었다. 라이더들이 앞다퉈 달리기 시작했다. 다행히 정훈 씨도 신호 대기 시간 동안 콜을 잡았다. 이번에는 유명 스시집 배달 주문이다. 정훈 씨가 스시집 앞에 도착해 배달 음식이 완성될 때까지 기다린다. 일부 음식점의 경우 음식이 조리되는 동안 라이더에게 밖에서 대기할 것을 요구한다. 음식점 내부에서 대기할 경우, 매장 안에서 식사하는 손님이 불편해 한다는 게 그 이유다. 스시, 파스타 등을 배달할 때는 특히 주의해야 하는데 배달 과정에서 음식이 망가져 라이더가 배상하는 경우도 있기 때문이다.

이런 것을 신경 쓰느라 조심히 운전하다 보면 배달 시간이 길어지는데, 그렇다고 배달료를 더 많이 받는 건 아니다. '픽업 완료' 버튼을 누르고 확인한 목적지는 배달이 쉽지 않은 곳이다. 주상복합아파트는 입구를 찾기도 어렵고 진입하기도 까다롭다. 어두컴컴한 도로를 달려 목적지에 도착했다. 정훈 씨를 가장 먼저 반긴 건 아파트 단지 입구에 붙은 안내문이다.

"배달, 배송, 우체국 오토바이 출입 금지"
"지상층 도보 이용"

아파트 단지 입구에 오토바이를 세우고 배달 가방에서 음식을 꺼내 들었다. 뭐든지 다 배달되는 시대지만 오히려 배달 오토바이의 출입을 제한하는 고급 아파트 단지들은 늘고 있다. 시끄러운 오토바이 소음을 줄이고 주민들을 안전하게 보호한다는 것이 그 이유다. 아파트 입구부터 204동 출입문까지 거리는 약 200m. 초 단위 경쟁을 하는 라이더들은 대부분 배달 음식을 들고 고급스럽게 조경된 아파트 지상층을 조심조심 달린다. 음식 모양이 흐트러지지 않도록 조심히 모시고(?) 이동하지만 다음 배달에 대한 생각을 떨치지 못해 발걸음이 급하다.

서울의 초대형 고급 단지의 경우 아파트 입구부터 배송지인 현관까지 거리가 1km나 되기도 한다. 심지어 고급 아파트 중에는 음식 냄새가 난다는 이유로 라이더들은 화물용 엘리베이터를 이용해야만 하는 경우도 있다. 입주민이 주문하고 배달을 '요청'한 음식인데도 말이다. 마치 짐짝처럼 대우받는 라이더 입장에서는 야속할 수밖에 없는 노릇이다.

심지어 어떤 소비자들은 조금만 배송이 늦어도 욕설을 퍼붓거나, 라이더의 사진을 찍어 음식점 리뷰에 '현상 수배범'처럼 올려놓기도 한다.

심지어 "공부를 못하면 이렇게 되는 거야."라고 자식 앞에서 손가락질하며 말하는 부모, 조금만 늦어도 기다렸다는 듯이 담배 연기를 얼굴에 내뿜는 사람도 있다. 그저 고객이 주문한 음식을 배달하는 업무일 뿐인데 라이더들은 어느새 우리 사회의 '가장 낮은' 감정노동자로 전락해 버린 것은 아닐까.

'똥콜'과 '금콜'. 라이더들은 배달앱에 뜨는 콜을 두 가지로 나눈다. 똥콜은 지금 막 정훈 씨가 배달한 곳처럼 배송 시간이 오래 걸리는 주문이다. 고급 아파트 단지처럼 지상층을 두 발로 뛰어 배달하거나 경비실에서 개인 정보까지 요구할 정도로 보안이 '삼엄한' 고급 빌라촌은 라이더들이 꺼리는 배송지다. 심지어 이런 고급 주거 단지 주변에는 음식점도 별로 없어 다시 콜을 잡으려면 상가 지역으로 이동해야 한다. 반면 금콜은 똥콜과 건당 배달 수수료는 같지만, 배송 시간은 훨씬 짧다. 배송지 출입이 자유로울 뿐만 아니라 주변에 음식점이 밀집해 있어 배달을 마치기도 전에 또 다른 콜을 잡을 수 있는 이른바 묶음 배송도 가능하다.

라이더들이 '전투콜' 경쟁을 하는 이유도 돈이 되는 일명 '금콜'을 잡기 위해서다. 같은 시간 동안 일해도 라이더들 간 소득은 천차만별이다. 누군가는 하루 일당 20만 원을 벌지만 누군가는 시간당 최저 임금도 벌지 못한다. 금을 캐느냐, 똥을 밟느냐에 따라 그날그날 라이더의 소득이 결정된다. 정훈 씨가 '배달 목록' 버튼을 계속 누른다. 새로 고침이 될 때마다 실시간으로 콜이 뜨고 사라지기를 반복한다. 순간의 선택에 라이더들의 희비가 엇갈린다.

배달을 마치고 아파트 입구 쪽으로 걸어 나오는 정훈 씨의 발걸음이 한결 가볍다. 이번에는 운 좋게 '금콜'을 잡았다. 음식점이 밀집해 있는 홍대 번화가 분식집이 픽업 장소다. 이런 경우 픽업하러 가는 도중에도 주변 음식점의 또 다른 콜을 잡아 여러 건을 동시에 배달할 수 있다. 노련한 라이더라면 픽업 음식점의 위치만 보고도 나름의 동선을 머릿속으로 그릴 수 있다. 배민라이더스, 쿠팡이츠 등 다양한 배달 대행업체에서 일해 온 정훈 씨도 나름의 노하우가 쌓였다. 픽업 장소로 이동하다가 분식집 옆에 위치한 찜닭집의 주문 콜도 수락했다.

"뭉치면 살고 흩어지면 죽는다."

라이더들에게 금과옥조 같은 말이다. 라이더들은 보통 한 번에 2~4개의 음식을 동시에 배달한다. 아니 배달해야 한다. 한 번에 하나씩만 배달하면 음식 픽업 시간 10분, 배송지 배달 시간 20분인 점을 감안해 1시간에 많아야 2개꼴로 배달하게 된다. 음식 배달 수수료가 평균 3,000원인 점을 고려하면 시간당 최저 임금 8,720원(2021년 기준)도 손에 쥐기 힘들다. 생계가 달린 라이더들에게 '묶음 배송'은 선택이 아니라 필수인 셈이다.

"잘 부탁드립니다." "네. 바로 갈게요." 떡볶이와 찜닭을 픽업하는 동안 정훈 씨는 조금 떨어진 음식점의 또 다른 콜도 잡았다. 배달지가 음식점이 밀집한 지하철역 주변이기 때문이다. 라이더들은 픽업 장소뿐만 아니라 배송지 위치도 꼼꼼히 따진다. 마지막 배송지 인근에 음식점들이 모여 있어야 길 위에서 낭비하는 시간 없이 곧바로 다른 콜을 잡을 수 있다. 예를 들어 음식점까지의 거리가 750m로 가깝고 배달 지역도 멀지 않다고 해도 배달지 주변에 콜이 뜨는 음식점이 별로 없으면 선택하지 않는다.

하지만 욕심은 금물이다. 아무 콜이나 닥치는 대로 수락하면 도리어 큰 낭패를 보기 쉽다. 모르는 지역에 3~4개 묶음 배송하다 약속한 시간을 못 지켜 음식 주문이 취소되는 배달 사고가 생기는 경우도 많다. 그래서 대부분의 라이더들은 익숙한 권역을 중심으로 배달을 한다. 하지만 가끔은 생각지도 못한 상황에 직면해 곤란해지기도 한다.

정훈 씨가 첫 번째 배송지인 아파트 단지에 도착했다. 음식점 세 군데에서 픽업하느라 조금 늦기는 했지만 약속된 배송 시간에 찜닭을 전달했다. 문제는 두 번째 배송지에서 발생했다. 엘리베이터가 없는 빌라 3층. 계단을 걸어 고객의 집 앞에 도착했는데 초인종을 눌러도 아무런 반응이 없다. 배달 앱을 켜서 배송 요청 사항을 확인해도 문 앞에 두고 가라는 내용은 없다. 마음이 급해진다. 다음 배달 차례인 떡볶이가 차갑게 식어 가고 있다.

알고 보니 주문자가 주소를 잘못 입력했다. 주문자가 이사를 가기 전 주소로 배달을 시켰는데 연락이 되지 않는 것이다. 간신히 연락이 닿자 주문자는 "그 집 앞에 두고 가 주세요."라고 답하곤 전화를 끊는다. 이사로 인한 오배송은 흔히 발생하는데, 기술이 아무리 발전해도 이런 상황은 막을 수 없는 일이다. 결국 문 앞에 음식을 두고 음식점에 전화를 걸어 상황을 설명한다. "알겠습니다."라는 업주의 짧은 대답이 돌아왔다. 서둘러야 한다. 문 앞에서만 자그마치 10분을 허비했다. 마지막 배송지인 또 다른 아파트 단지로 달려가지만 마음이 조금 불안하다. 약속된 배송 시간 안에 도착할 수 있을지 애매하기 때문이다.

아파트 입구를 막 통과하는데 떡볶이 가게에서 전화가 걸려왔다. 배송 시간이 늦어져 고객이 주문을 취소했단다. 이런 경우 배송비 3,500원을 제외한 떡볶이 값은 정훈 씨가 지불해야 한다. 결국 고객에게 전달하지 못한 떡볶이는 정훈 씨의 저녁

메뉴가 됐다. 배달 앱 정산 내역에 취소 건이 하나 추가됐다. 취소된 배달 건 요청 사항에는 "라이더님께~ 조심히 안전하게 와 주세요."라고 적혀 있다. 조심히 안전하게 배달하라고 해도, 라이더들은 약속된 배송 시간은 반드시 지켜야 한다.

음식 배달은 특히나 까다롭다. 대부분 음식을 주문한 사람들은 허기져서 예민하기 때문이다. 도착 예정 시간이 20분이라면, 21분만 되어도 날카롭고 민감해진다. 그러나 늦어진 1분 동안 배달 기사에게 어떤 일이 생겼는지, 무슨 사고가 있었는지는 관심 없다.

취재가 한창이던 어느 날, 나 역시 여느 때처럼 배달 앱을 이용해 음식을 주문했다. 그런데 약속된 배달 시간이 한참 지난 뒤 배달 대행업체 고객센터에서 전화가 걸려왔다. 라이더가 사고를 당했으니 새로 만든 음식을 다른 라이더를 통해 배달해도 괜찮은지 묻는 전화였다.

"배달 기사님 사고는 큰 사고였나요? 크게 다치지는 않았나요?"

"저희도 업체로부터 연락받아서 자세한 상황은 모릅니다. 죄송한 마음을 담아 쿠폰을 넣어 드리겠습니다."

"배송을 취소하면 업체에 패널티가 있나요?"

"시스템상 확답을 드릴 순 없습니다."

통화를 마치며 큰 사고가 아니길 바라며, 기사님의 상황이 파악되면 공유해 달라고 부탁했다. 그리고 얼마 뒤 새로 만든 음식을 배달해 준 라이더는 자신의 잘못이 아닌데도 늦어서 죄송하다며 연신 사과했다.

'비오는 날 배달을 시키지 말았어야 했나?'
'주문을 취소하면 업체에게 패널티가 갈 수도 있는데….'
끝끝내 사고 난 배달 기사의 소식은 들을 수 없었다. 조심히, 안전히, 제때는 공존할 수 없는 말일지도 모르겠다.

💬 속을 알 수 없는 나의 직장 상사

"고용한 사람은 없지만 지시하는 상사는 있다."
정훈 씨 같은 라이더들은 배달 대행업체에 고용된 게 아니다. 배달 대행업체에서 만든 시스템을 이용해 건당 배달 수수료를 받는 개인사업자 신분에 가깝다. 하지만 라이더들은 알게 모르게 업체가 지시하는 대로 따를 수밖에 없다. 과거 중국집 배달원이 사장의 지시를 따랐던 것처럼 라이더들은 플랫폼 기업이 만든 인공지능, 알고리즘의 지시에 따른다.

AI 알고리즘의 핵심은 별점, 즉 별점 평가다. 흔히들 음식점만 별점과 리뷰 평가를 받는다고 알고 있지만 라이더도 별점 평가를 받는다. 정훈 씨가 라이더 전용 앱을 켰다. 그의 배달별점은 5점 만점. 라이더 별점은 고객 평가, 콜 수락률, 배달완료율, 약속 시간 내 도착률 등을 종합 평가해 매겨진다.

만약 별점이 떨어져도 정확한 이유를 누구도 설명해 주지 않는다. 속을 알 수 없는 알고리즘 직장 상사가 등장한 셈이다. 라이더에게 별점이 중요한 이유는 배달 앱을 통해 확인할 수 있는 배달 콜의 '양과 질'이 달라진다고 알려졌기 때문이다. 그렇다 보니 라이더들은 별점이 떨어지면 '지난번 배달할 때 표정이 밝지 않았었나?', '내 목소리 톤이 좀 좋지 않았나?' 걱정하며 더 빨리는 물론이고 더 친절해지려 애쓸 수밖에 없다.

최근 배달 업계의 경쟁이 치열해지면서 배달 플랫폼마다 '혁신적인' 알고리즘을 개발하고 있다. 혁신의 핵심은 라이더들이 꺼리는 똥콜의 수락률을 높이는 것. 한 배달 대행 플랫폼은 할증 지역을 배달 앱 지도에 표시한다. 예를 들어 현재 서울 서초구에 라이더들이 부족하면 이 지역에 '×1.5' 알림을 띄운다. 기존 배달 수수료의 1.5배를 지급하는 프로모션 정책을 펴는 것이다. 반대로 강남구에 배달 라이더들이 밀집해 있다면 '×0.9'로 표시한다. 라이더들이 몰려 있으니 수수료가 낮아진다. 플랫폼 기업의 개별적인 지시나 강요는 없지만, 강남구에 있던 라이더들은 서초구로 이동해 배달 수요를 채운다.

또 다른 배달 플랫폼 알고리즘은 '경매 제도'를 이용한다. 배달 대기 화면에 수락되지 않는 똥콜이 있으면 '+500' 복주머니가 달린다. 기존 배달 수수료에 500원을 더해 지급한다는 뜻이다. 그래도 수락하는 라이더가 없으면 '+1,000', '+1,500'으로 복주머니 가격이 오른다. 라이더들은 복주머니를 '떡밥'이라고 부른다. 알고리즘 상사가 일종의 낚시꾼이라면 라이더들은 어항 속 물고기인 셈이다. 복주머니의 플러스 숫자가 올라가면 결국 누군가는 그 떡밥을 문다. 그러면 알고리즘은 라이더가 반응한 복주머니의 플러스 숫자를 학습하고 다음에 비슷한 상황이 발생하면 같은 +복주머니를 제시한다. 하지만 과연 그 '+복주머니'에 든 것이 진짜 복인지 독인지는 배달해 봐야만 알 수 있는 일이다. '+1,500원'을 선택한 결과가 라이더의 하루 수입에 어떤 영향을 미칠지는 아무도 모른다. 그날 그 시간의 배달 단가를 결정하는 '알고리즘'. 그 알고리즘의 정체는 아무도 알 수 없기에 더 많은 라이더들이 가격 경쟁에 내몰리고 플랫폼 기업은 더 많은 수익을 창출할 것이다.

"기업에서 다음 달 월급을 10만 원 깎는다고 하면 다들 난리가 날 테지만, 플랫폼에서는 배달 단가를 500원 깎으며 '왜? 라이더들이 많으니까.'라고 하면 매우 합리적인 결정이라고 생각하죠. AI라든지 알고리즘이 내놓은 거의 신적인 결정이기 때문에 문제를 제기하면 비합리적인 사람처럼 보일 뿐이니까요."

정훈 씨의 말처럼 AI라는 신에게 무조건 복종하고 따라야하는 생태계가 바로 플랫폼 노동자의 현실이다. AI 알고리즘은 플랫폼 기업이 이윤을 높이는 방향으로 진화하고 있다. 그러나 이러한 배달 산업의 성장이 라이더들의 이익으로 직결되는 것은 아니다.

정훈 씨가 다시 배달 주문 화면을 켠다. 배달 콜이 가장 많은 저녁 피크 타임, 1초마다 금콜들이 나타났다 사라지기를 반복한다. 사라지지 않고 남아 있는 배달은 모두가 꺼리는 똥콜뿐이다. 하지만 라이더들은 특별한 프로모션이 없어도 똥콜을 수락해야 한다. 계속 거부하면 수락률 별점이 떨어지기 때문이다. 결국 정훈 씨가 픽업 거리가 수 킬로미터나 떨어진 똥콜을 수락했다. 이렇듯 '알고리즘 상사'는 라이더들을 움직여 전국 어디든 24시간 배달 가능한 배달 천국을 만들고 있다.

💬 '연봉 1억'이 목숨 값이라면…

"시간당 평균 1만 5,000원, 라이더 연봉 1억 가능"

코로나19는 배달이 선택이 아니라 필수인 시대를 만들었다. 2020년 언택트 시대로 빠르게 전환하면서 배달 산업은 전년 대비 130% 가까이 성장했고, 연봉이 1억 원인 라이더가 등장했다는 기사도 쏟아졌다. 그러나 정훈 씨는 "라이더들을 모집하기 위한 플랫폼 기업의 홍보일 뿐 현실에서는 불가능하다."고 잘라 말한다.

정훈 씨가 배달 대행 앱을 켜서 며칠 전 정산 내역을 보여줬다. 오후 6시부터 밤 10시까지 총 12건을 배달한 그날의 수입은 총 4만 원. 하루 평균 80km를 달려도 시간당 평균 1만 원 넘게 벌기는 힘들다고 한다. 시간당 1만 5,000원을 벌려면 시간당 4건 정도를 배달해야 하는데 신호를 무시하고 보행로를 무단 질주하지 않고서는 어렵다는 것이다.

실제 배달을 전업으로 하는 라이더들은 점심(10시~15시), 저녁(17시~22시) 배달 시간 전후 평균 10시간을 일한다. 건당 배달 수수료를 3,000원이라고 치면 한 달에 1천 건을 배달해야 300만 원의 수익이 생긴다는 계산이 나온다. 한 달 동안 25일을 일한다고 가정하면 평균적으로 평일 30~40건 주말

60~70건을 배달해야 한다. 식사조차 제대로 하기 힘든 강행
군이다.

라이더들의 배달 수수료에는 보이지 않는 비용도 숨어 있
다. 정훈 씨의 배달 정산 내역을 보면, 최종 지급액 밑에 소득
세, 주민세, 운전자 보험료, 산재보험료(과거에는 산재보험조차 적
용되지 않았지만 현재는 플랫폼 기업과 라이더가 절반씩 부담한다) 등이
마이너스로 표시된다.

개인사업자 신분인 라이더는 배달에 필요한 모든 비용을
감당한다. 정훈 씨는 플랫폼 회사에서 오토바이를 빌려서 배
달하는 이른바 '지입 라이더'인데 렌트비로 업체에 매일 약
1만 원을 추가로 낸다. 여기에 한 달 평균 기름값이 8만원,
1,000km 주행마다 점검하는 엔진 오일 비용까지 내고 나면
'연봉 1억 라이더'의 꿈은 점점 더 멀어진다.

"배달 대행업체에서 800만 원, 900만 원 벌 수 있다고 이야
기하잖아요. 배달의민족에서도 라이더가 돈을 많이 번다고 홍
보하는데 되게 나쁜 짓입니다. 못된 짓이에요. 그 정도로 벌려
면 상당히 무리하면서 일한다는 거예요. 밥 먹으면서 '지지기
(자동 콜 수락)' 한다는 건데 사고 위험이 커요. 헛된 광고, 과장
광고인 거죠."

물론 최근 배달 플랫폼 업체 간 라이더 확보 경쟁이 치열해지면서 쿠팡이츠가 건당 배달 수수료를 2만 원까지 높이기도 했지만 신기루는 금세 사라졌다. 또 폭염, 폭우, 폭설 등 악천후 때문에 배달 주문이 폭증하면 배달료에 프리미엄이 더해지지만 그런 날씨에 배달을 강행하는 건 목숨을 거는 것과 다름없다. 한여름 아스팔트가 50도까지 펄펄 끓는 날씨에 배달하고 집으로 돌아가면 땀에 흠뻑 젖어 청바지가 벗겨지지 않을 정도라고 정훈 씨는 말한다. 결국 '연봉 1억 라이더'는 잠 한숨 못 잔 채 악천후를 뚫고 목숨 걸고 배달만 하는 초인적인 인간이지 현실에서 찾기 힘든 존재다. 빗길을 질주하는 위험을 감수하고 모든 교통 법규를 어기는 범법 행위를 저질렀음에도 무사히 살아남고, '금콜'의 행운이 믿을 수 없게 많이 이어졌으며, 예측할 수 없는 수많은 감정 노동을 다 치러 낸 자가 '보험료와 오토바이 감가상각을 하고 나서야' 얻을 수 있는 신기루일 뿐이다.

현재 국내 배달 전선에 뛰어든 라이더는 약 20만 명 정도로 추산된다. 이들은 AI 알고리즘이 강요하는 '배달 완료 시간'에 쫓겨 위험한 배달 현장으로 내몰리고 있다. 실제 최근 3년간 발생한 오토바이 배송 사고는 약 1,800건(2019년), 청년 산재 사망 사건도 배달 라이더에서 가장 많이 발생했다. 하지만 이들 중 사고 발생 시 대인, 대물 피해가 보장되는 유상운송보험(종합보험)에 가입한 라이더는 거의 없다.

결국 배달 과정에서 벌어지는 모든 위험은 플랫폼 기업이 아닌 사실상 '사장님' 신분인 라이더가 전적으로 책임지는 '완벽한' 외주화 구조인 셈이다.

저녁 피크 타임도 얼마 남지 않았다. 라이더들이 한 건이라도 더 배달하려고 위험을 무릅쓰고 질주하고 있다.

최근 배달 대행업체에서 건당 수수료를 낮추면서 늦은 시간까지 배달하는 라이더들도 늘고 있다. 정훈 씨도 헬멧을 고쳐 쓰고 달릴 채비를 한다. 현실에서 '연봉 1억 라이더'를 꿈꾸는 사람들은 그리 많지 않다. 다만 신호를 지켜가며 안전하게 배달해도 지금과 비슷한 소득을 얻도록 안전 배달료(기본 배달료를 4,000원으로 인상)가 도입되길 바랄 뿐이다. 오후 8시, 라이트를 밝힌 정훈 씨의 오토바이가 마치 반딧불이처럼 어두운 도로 위를 달리기 시작했다.

"라이더들은 초 단위로 경쟁 하는 거죠.

3천 원짜리 4천 원짜리 5천 원짜리 일감이

1초마다 배달앱에 뜨는 거죠

무한 경쟁의 시대구나.

그것의 무서움을 이제 느낄 수 있는 거죠"

📟💬 감성 시대의 노동 감수성

라이더들에게는 무려 세 개의 '갑'이 존재한다. 첫 번째는 콜을 배정하고 콜 값을 책정하는 '플랫폼 업체'다. 이들은 끊임없이 '똥콜'과 '금콜'을 제시하며 더 많은 배달을 더 저렴한 가격에 성사시키도록 조종한다. 두 번째는 '음식점'이다. 일부 음식점은 음식이 조리되는 동안 라이더에게 밖에서 대기할 것을 강요한다. 음식점 내부에서 대기할 경우, 매장 안에서 식사하는 손님이 불편해 한다는 것이 주된 이유다. 이해할 수는 있지만, 한편으론 사회의 모든 시선으로부터 '차별받고 분리당한다'라고 느끼게 하는 대목이다. 마지막은 물론 '고객'이다.

라이더들은 이 세 개의 '갑'에게 실시간으로 평가받고 차별받고 모욕당하며 업무를 수행한다. 물론 배려심 있고 친절한 고객도 다수 존재한다. 초 단위로 이루어지는 배달 업무에서는 사실 감정 노동에 타격을 입으며 감상에 젖을 시간도 없다. 그런 고민조차 '사치'에 불과하다. 그러나 강요가 아닌 선택으로 이루어진 자발적인 '서비스 요청'의 한 단계를 수행하는 배달 라이더들이 왜 이런 차가운 시선을 감수해야 하는지를 생각하면 문제를 바로잡아야 할 필요성을 느낀다.

과거 한 레스토랑에서 종업원들이 고객에게 '무릎을 꿇고 서빙하는 것'을 자랑스럽게 홍보했고 일부 고객들도 자연스럽게 받아들였다. 이처럼 우리 사회의 잘못된 인식이 더 이상 '자연스러운 것으로' 받아들여져서는 안 되기 때문이다.

기업의 성공 신화를 이야기할 때 가장 중요한 것은 경영진의 철학이다. 배달의민족으로 대표되는 우아한 형제들을 이끄는 김봉진 대표의 철학은 'B급 감성'이라고 알려졌다. 그는 "배달의민족의 브랜드 페르소나는 '막내'입니다. 회사에서 팀 막내나 대학 동료들 중 가장 후배, 즉 2030 젊은 세대가 좋아하는 B급 감성이 우리 브랜드의 정체성입니다."라고 말했다. 실제로 배달의민족의 마케팅은 소비자와 접촉해 쌍방향 소통하는 마케팅 전략의 우수 사례로 꼽히며 수많은 '감성 마케팅'의 벤치마크 대상이 됐다.

그 어느 때보다 기업들은 '감성'을 가져야 한다고 말한다. 감성 마케팅을 하고 소비자의 감성을 건드려야 하며 소비자의 감성과 연결될 수 있어야 한다고. '감성'이 소통의 화두인 시대라고들 하지만 감성을 부르짖는 기업들은 정작 '감수성'을 잊고 있는 것은 아닌가 묻고 싶다.

소비자와 연결되는 것만큼 중요한 것은 자사 플랫폼을 위해 함께 일하는 직원이나 노동자와 '연결되는 일'이 아닐까? 초연결 사회, 그들이 연결해야 하는 것은 단순히 음식점과 소비자만이 아닐 것이다. 그들이 만든 업을 실질적으로 수행하는 수많은 라이더들이 처한 현실과 상황에 감성적으로 '연결'될 필요성이 절실하다.

"자신이 만든 서비스를 업으로 하는 사람들이 어떤 상황인지 어떤 환경인지를 들여다보는 것이야말로 혁신 기업이라는 타이틀에 어울리지 않을까요?"

1,500만 반려인의 고민을 해결하다

와요 이효진

플랫폼에 상륙한 직업 '펫시터'

2021년 반려 동물 양육 인구가 1,500만 명을 넘어섰다. 한국인 4명 중 1명은 반려 동물을 키우거나 키운 경험이 있다는 이야기다. 사람들은 왜 반려 동물을 키울까? 단순히 반려 동물이 즐거움을 주는 대상이 아니라 인간과 교감하고, 나아가 인간의 치유를 돕는 존재이기 때문이다. 반려 동물을 키우면 책임감이 커지고, 외로움이 해소되며 삶의 만족도도 높아지는 등 긍정적인 효과가 있다고 널리 알려져 있다. 반려 동물 관련 산업이 확장되는 것은 물론 새로운 직업까지 생겨나고 있는 것을 보면, 반려 동물을 키우는 것은 이제 전 세계적으로 하나의 문화가 된 듯하다.

서른여덟 살의 효진 씨는 20년 가까이 반려 동물을 키운 베테랑 반려인이다. 어린 시절부터 강아지를 키웠고, 지금도 강아지는 인생에 없어서는 안 될 존재다. 강아지를 키우면서 즐겁고 행복한 순간을 꼽으라면 너무나 많지만, 가장 어려운 점을 꼽으라면 딱 한 가지다. 회사 출장으로 집을 비우거나 해외여행을 계획할 때, 강아지를 믿고 맡길 곳이 없다는 것이다. 백방으로 수소문해 봐도 선택지는 늘 제한적이었다.

주치의가 있는 동물병원에서 며칠간 돌봐 주는 서비스를 제공하면 그나마 안심이지만, 이런 경우는 흔치 않다. 가까운 지인에게 돈을 주고 맡기기도 했지만 이것도 타이밍을 맞추기가 쉽지 않다. 그러면 다음 단계는 울며 겨자 먹기로 애견 호텔을 이용하는 건데 말이 좋아 호텔이지 온종일 케이지에 가둬 놓으니 강아지가 받는 스트레스 때문에 마음이 늘 불안했다. 이도저도 마음에 내키지 않아 여행은 아예 포기한 적도 많다.

여행이나 외출할 때 혼자 남은 반려 동물을 믿고 맡길 곳이 없다는 것은 비단 효진 씨만의 고민이 아니다. 전 세계 모든 반려인의 고민이라고 해도 과언이 아니다. 반려 동물을 가족처럼 정성스럽게 돌봐 줄 사람을 찾는 건 하늘의 별 따기만큼 어렵다. 이런저런 생각 끝에 효진 씨는 자신이 직접 '반려 동물을 돌봐 주는 사람이 되면 어떨까?'라는 생각을 하게 됐다. 그러던 중 펫시터라는 직업을 알게 됐다. 좀 더 알아보니 이미 외국에서는 명절이나 장거리 여행을 앞두고 비용을 조금 더 지불하더라도 펫시터를 고용하는 것이 일반적이었다.

펫시터라는 말이 조금 생소하긴 하지만 베이비시터를 떠올리면 이해하기 쉽다. '펫시터'는 반려 동물을 뜻하는 펫(pet)과 돌보는 직업을 가리키는 시터(sitter)의 합성어다. 반려 동물을 주인이 원하는 장소에서 임시로 돌봐 주는 것이 주업무다.

2018년에 우리나라에 처음 등장한 펫시터는 반려 동물을 키우는 1인 가구가 늘면서 최근 수요가 급증하고 있다. 펫시터는 대부분 중개 플랫폼을 통해 일하는데, 책임감 있는 돌봄을 위해 필수적으로 신원과 능력을 검증받고 전문 교육을 수료하는 것이 원칙이다. 펫시터가 베이비시터만큼 귀한 대접을 받는 것도 이 때문이다.

새로운 시장이 열렸다는 신호인지, 각종 펫시터 중개 플랫폼이 우후죽순 생겨나고 있다. 최근에는 수의사·수의대생·수의 테크니션들만 전문적으로 활동하는 펫시터 중개 플랫폼까지 등장했다. 반려 동물에 대한 전문적인 지식으로 무장한 이들에 대한 고객의 수요는 매우 높은 편이다. 전문적인 관리와 케어를 원하는 반려인 입장에서는 꽤나 매력적인 선택지임에는 틀림없다. 10년 전만 해도 없었던 직업인 펫시터가 1,500만 반려인들의 구세주로 떠오르며 대한민국에 이제 막 상륙한 것이다. 그렇다면 펫시터가 되려면 어떤 조건을 갖춰야 할까.

💬 가족만큼 소중한 생명을 다룬다는 것

한 통계에 따르면 서울 시민 10명 중 6명이 반려 동물을 키웠거나 키우고 있다고 한다. 그만큼 반려 동물과 인연을 맺고 있는 사람이 많다는 뜻이다. 실제로 펫시터에 도전하는 사람들을 보면 계기가 다양하다. 효진 씨처럼 펫시터가 있었으면 좋겠다고 생각해서 직접 펫시터가 되기로 결심한 사람도 있고, 펫시터에게 반려 동물을 한 번 맡겨 본 뒤 관심을 가진 사람도 있다.

펫시터에게 요구되는 첫 번째 조건은 반려 동물을 키워 본 경험이다. 반려 동물을 키우고 있는 사람이 가장 적합하고, 만일 지금 키우고 있지 않다면 3년 이내에 반려 동물을 키운 경험이 있어야 한다. 반려 동물을 키워 본 경험이 없다면 어떻게 해야 할까? 그런 경우는 '비추'다. 아이를 한 번이라도 키워 본 어머니들이 베이비시터 일을 할 수 있듯이 반려 동물을 키워 본 경험이 없으면 반려 동물이 왜 밥을 먹지 않는지, 왜 우는지 도통 이해할 수 없는 일투성이이기 때문이다. 반려 동물에게도 주인에게도 그리고 본인에게도 너무 괴로운 시간을 자초할 필요는 없지 않을까.

반려 동물을 키워 본 경험만큼 중요한 두 번째 조건은 바로 책임감이다. 물건이 아닌 생명체를 다루는 일이기 때문에 언제 어떻게 발생할지 모르는 사고에 대비하려면 강한 책임감이 뒷받침돼야 한다. 그래서 펫시터 중개 플랫폼의 홍보 중에는 소속 펫시터들의 '책임감'을 200% 보장한다는 내용이 가장 많다.

펫시터가 되기 위해서는 펫시터 중개 플랫폼에 등록해야 하는데 그러려면 까다로운 절차를 통과해야 한다. 먼저 신원 확인을 거친다. 이때 반려 동물을 키운 햇수, 반려 동물 자격증 유무, 가족의 동의 여부, 가족 중 흡연자나 유아가 있는지를 철저하게 검증한다. 이 과정을 통과하면 플랫폼에서 자체적으로 온·오프라인 교육을 실시한다. 반려 동물에 대한 기본 소양과 자격을 겸비한 전문 펫시터 육성을 목표로 하기 때문이다.

고객은 확실히 믿고 맡길 수 있는 전문적인 펫시터를 원하기 때문에 장기적인 관점으로 보면, 어느 정도 자격을 갖춘 검증된 펫시터를 회원으로 둔 플랫폼 업체가 오래 살아남을 수 있다. 펫시터 중개 플랫폼에서는 정기적으로 이런 기본 교육을 하고 있으며 교육 참석률이 저조하거나 고객 리뷰와 평가가 좋지 않으면 활동에 제약을 주기도 한다. 서류 검증, 방문 검증, 환경 검증, 전문 교육 이수, 안전 검증 등 5단계를 통과한 사람만이 비로소 펫시터로 활동할 수 있다.

이런 과정을 통과한 펫시터 중에는 자녀들이 모두 출가해 시간 활용이 비교적 자유로운 40~50대 가정주부가 가장 많다. 집안일을 하며 틈틈이 반려 동물을 돌보면서 돈을 벌 수 있기 때문이다. 최근에는 효진 씨처럼 사업을 하거나 프리랜서로 일하는 20~30대 펫시터도 꾸준히 늘고 있다. 현재 펫시터 중개 플랫폼을 이용하는 고객 수는 4만 명을 넘어섰다고 한다. 이 서비스를 경험한 고객 3명 중 2명은 펫시터 중개 플랫폼을 다시 이용할 정도로 만족도도 매우 높다. 이토록 만족도가 높은 이유는 펫시터 중개 플랫폼의 시스템 때문이기도 하지만, 펫시터들의 특별한 사명감 때문이기도 하다. 펫시터로서 가져야 할 마음가짐에 대해 효진 씨는 이렇게 조언한다.

"반려 동물을 사랑하는 사람이라면 펫시터가 반려 동물을 돌보며 돈도 버는 매력적인 일이라고 생각하기 쉬워요. 하지만 한 생명을 돌보는 일은 생각만큼 쉽지 않아요. 매 순간 각별한 주의와 정성이 필요하죠."

그는 펫시터라면 누군가에게 가족만큼이나 소중한 한 생명을 다루는 일임을 잊지 않아야 한다고 말한다. 따라서 체력 소모도 크고, 신경 써야 할 일이 많아 정신적인 스트레스도 만만치 않은 게 사실이다. 그럼에도 동물을 사랑하는 사람에게 펫시터는 매력적인 일이다. 반려 동물을 돌보면서 그들을 더 잘 알게 되기 때문이다. 효진 씨 역시 펫시터로 일하면서 반려 동물에 대한 관심과 이해가 깊어졌고, 반려 동물에 대한 다른 공부나 직업에도 관심을 갖게 됐다. 반려 동물을 오랫동안 키웠거나 관련 자격증을 갖고 있다면, 펫시터에 한 번쯤 도전해 보라고 추천하는 것도 이 때문이다.

💬 본업과 연관된 사이드 잡

평범한 직장 생활을 하던 효진 씨는 강아지를 너무 좋아해서 틈틈이 반려 동물과 관련된 강의를 듣곤 했다. 그가 직업을 바꿀 결심을 한 건 반려 동물 아로마 테라피스트 강의를 들으면서부터다. 반려 동물 아로마 테라피스트는 반려 동물의 타고난 후각을 이용해 건강을 유지시켜 주는 일을 하는 사람이다. 조향법, 마사지법 등으로 반려 동물의 피부 질환뿐 아니라 분리불안, 공격성 등의 심리 문제가 치료되도록 돕는데, 취미로 시작한 반려 동물 아로마 테라피스트는 이제 효진 씨의 직업이 됐다.

반려 동물 아로마 테라피스트가 되면서 효진 씨는 직장에 다닐 때보다 시간을 자유롭게 쓸 수 있었다. 일대일 맞춤 서비스를 제공하기 때문에 고객이 없는 시간은 자유로웠다. 그러다가 이 시간에 반려 동물과 좀 더 함께할 수 있는 다른 일을 하면 좋겠다는 생각이 들던 찰나, 펫시터 중개 플랫폼을 알게 됐다. 한 중개 플랫폼에 펫시터로 지원한 효진 씨는 서류 심사를 통과하고 30시간의 전문 교육을 수료했다. 반려 동물 산책 방법, 문제 행동 발견 시 대처법, 환경 정리법 등의 교육을 온라인과 오프라인으로 수강했다. 또 분기별로 미용사나 훈련사를 초청해 여는 간담회에도 참석했다. 이런 과정을 모두 거쳐 수료증을 발급받았다. 드디어 플랫폼에 펫시터로 등록해 일할 수 있게 된 것이다.

만일 플랫폼이 없었다면 효진 씨 스스로 고객을 찾아 나서야 했을 것이다. '아파트에 공고문을 붙일까?', '개인 블로그를 운영해서 홍보해야 할까?' 생각만 해도 어디서부터 어떻게 시작해야 할지 막막했다. 하지만 펫시터 중개 플랫폼에서는 모든 것이 일사천리였다. 이곳에는 펫시터가 필요한 고객과 펫시터로 일하는 사람들이 가득하며 수많은 일감이 거래되고 있었다. 효진 씨 역시 펫시터로 등록하자마자 고객과 연결됐다. 초창기 펫시터 중개 플랫폼에는 수요와 공급이 균형을 이뤘기 때문에 원하는 때 원하는 만큼 일할 수 있었다. 일거리가 끊기는 경우는 없었다.

펫시팅의 종류는 크게 두 가지다. 고객이 펫시터의 집에 반려 동물을 맡기는 '위탁' 펫시팅과, 펫시터가 직접 고객의 집을 방문해 반려 동물을 돌보는 '방문' 펫시팅이다. '찰리'라는 강아지를 키우는 효진 씨는 지인들의 강아지를 맡아 준 경험이 있어서 위탁 펫시팅부터 시작했다. 반려 동물 아로마 테라피스트로 일하며 여러 강아지들을 돌본 경험이 있기 때문에 자신 있었다.

효진 씨는 위탁 펫시팅 전에 사전 만남 시간을 갖는다. 고객의 강아지와 찰리가 잘 어울리는지, 서로 부딪힐 가능성은 없는지 알아보기 위해서다. 그런 경우는 손에 꼽을 정도지만 만일 사전 미팅 자리에서 강아지들 사이에 갈등이 발생하면 효진 씨는 펫시팅을 취소한다. 최소 하루 이상을 함께 지내야 하는데 강아지들끼리 잘 어울리지 않으면 서로에게 스트레스가 되기 때문이다. 사전 만남에서 별다른 갈등 요소가 없는 것이 확인되면, 고객은 정한 날짜에 반려 동물을 데리고 효진 씨의 집을 찾는다.

위탁 펫시팅은 애견 호텔 서비스를 이용하는 것과 비슷하다. 고객은 간식, 옷, 장난감 등 강아지가 하루 동안 펫시터의 집에서 편하게 놀 수 있도록 짐을 바리바리 싸들고 온다. 주인이 집을 오랫동안 비울 때 위탁 펫시터를 선호하는 이유는 반려 동물이 애견 호텔이나 병원처럼 딱딱한 환경보다는 편안한 환경에서 지내길 바라기 때문이다. 펫시팅은 일대일 케어가 원칙이다. 한 사람이 여러 마리의 강아지를 돌보는 애견 호텔과 달리, 한 사람이 한 마리의 강아지만 돌보기에 좀 더 세심하게 보살필 수 있다는 장점이 있다. 비용적인 면에서도 큰 차이가 없다. 애견 호텔이나 병원에 강아지를 맡기면 1박에 최소 4만 원 넘는 비용이 발생하는데 위탁 펫시팅 역시 1박에 3만 원에서 5만 원 정도의 비용으로 책정되어 있다.

반려 동물을 키워 보지 않은 사람이라면 너무 비싸지 않느냐고 반문할지도 모르겠다. 하지만 반려 동물을 키우는 사람들에겐 그리 큰 금액이 아니라는 공감대가 형성돼 있다. 소중한 반려 동물을 가족처럼 세심하게 돌봐 준다면야 이 정도 비용쯤은 아깝지 않다는 것이다. 또 이 정도 비용을 감수하고라도 펫시팅을 원하는 사람이 그만큼 많다는 뜻이기도 하다.

강아지를 위탁받는 것은 어린아이 하나를 맡는 것과 같다. 그만큼 손이 많이 가고 신경 써야 할 부분도 많다. 아이들이 처음 만나는 사람과 처음 간 장소를 낯설어하듯이 반려 동물도 똑같은 감정을 느낀다. 그래서 펫시터의 섬세한 관심과 손길이 더욱 중요하다.

💬 고객의 집으로 찾아가는 펫시터

고객이 자신의 강아지를 펫시터의 집에 맡기는 위탁 펫시팅과 달리, 고객의 집에 펫시터가 직접 방문하는 경우도 있는데 이를 '방문 펫시팅'이라고 한다. 펫시터 중개 플랫폼에서 고객의 선택을 받으면 펫시터는 고객과 전화 통화나 문자 메시지, 대면 상담을 거쳐 스케줄을 상의하고 고객의 집을 방문한다.

최근 반려 동물을 양육하는 1인 가구가 늘어나면서 집안에서 혼자 머무는 시간이 많은 반려 동물은 문제 행동이나 분리 불안을 겪기도 한다. 외출, 출장, 야근 등으로 반려 동물을 홀로 집에 두는 시간이 많은 반려인이 펫시터 중개 플랫폼을 이용하는 이유이기도 하다.

방문 펫시팅을 하다 보면 집에서 가까운 경우도 있지만 차로 이동해야 하는 거리를 배정받는 경우도 많다. 차를 타고 이동할 때 드는 기름값은 모든 플랫폼 노동이 그렇듯 펫시터의 부담이다. 또한 고객이 어느 정도 준비해 두는 경우도 있지만 혹시 모를 상황을 대비해서 효진 씨가 따로 챙기는 것들도 많다. 예를 들어 배변 봉투와 간식을 비롯해 배변을 치울 때 사용하는 장갑, 강아지와 놀아 주기 위한 장난감 같은 것들인데, 이것은 모두 효진 씨의 사비로 장만한 것들이다.

방문 펫시팅은 대개 주인이 사전에 펫시터에게 집 비밀번호를 알려준다. 펫시터 중개 플랫폼의 브랜드와 소속 펫시터에 대한 믿음이 있기에 가능한 일이다. 일반적으로 방문 펫시터는 식사, 배변, 산책, 수면 등 기본 서비스를 제공한다. 고객의 집에 방문한 순간부터 강아지와 함께 놀아주기, 산책하기, 사료 챙겨 주기처럼 고객이 요청한 사항을 수행한다.

반려 동물을 맡기는 사람들은 요구 사항이 많은 편이다. 반려 동물이 주인이 없는 상황에 힘들어하지 않았으면 하는 마음에서다. 그래서 특정 장난감으로 놀아 달라든지, 산책 시간을 길게 해 달라든지, 특정 간식을 정해진 시간에 줘야 하는 등 요구도 다양하다. 다행히도 고객 역시 반려 동물을 키워 본 경험자여서인지 무리한 요구를 하는 일은 드물다. 그리고 펫시터 입장에서 조금 무리한 요구라는 생각이 들더라도 고객의 요구 사항은 모두 다 들어주는 편이다. 반려 동물을 키우는 입장에서 고객의 요구가 어느 정도 납득이 되기도 하고, 또 이것이 피할 수 없는 평가와 후기로 이어지기 때문이다.

효진 씨는 요청 사항을 수행하며 그 과정을 사진과 동영상으로 촬영해 고객에게 보내준다. 그러면 주인은 마치 함께 있는 것처럼 강아지의 상태를 확인하며 안심하고, 펫시터가 업무를 제대로 수행하는지도 알 수 있다.

펫시터로 일하면서 효진 씨는 다양한 강아지들을 만났다. 세상에 다양한 사람이 있듯이 강아지도 생김새는 물론이고 성격이나 취향이 제각각이다. 20년간 강아지를 키웠으니 반려동물에 대해서는 누구보다 잘 안다고 자신했지만, 다양한 강아지들을 만나면서 그들을 더 깊이 이해하게 됐다. 예를 들어 방문 펫시팅을 할 때, 효진 씨는 강아지에게 갑자기 다가가지 않는다. 예전에는 강아지만 보면 귀여워서 자신의 관심과 사랑을 적극적으로 표현하는 것이 강아지를 예뻐하는 것이라고 생각했지만, 펫시터가 된 이후에는 강아지가 낯선 사람을 받아들일 수 있도록 먼저 냄새를 맡게 하고 마음을 열 때까지 충분한 시간을 주고, 기다려 준다. 이런 경험은 효진 씨가 반려 동물 아로마 테라피스트로 일하는 데도 큰 도움이 된다.

🔲 우수 펫시터의 조건

펫시터가 플랫폼에 등록하면 고객은 여러 정보를 비교해 자신에게 맞는 펫시터를 선택한다. 반려 동물을 키우는지 여부, 키운 기간, 펫시터 교육 수료 및 관련 자격증의 유무 등을 참고한다. 이때 고객의 선택을 좌우하는 것은 활동 기간, 활동 건수, 고객의 리뷰가 반영된 별점 평가다. 반려 동물을 맡기는 것이 아이를 맡기는 것만큼 중요한 일이다 보니, 좀 더 깐깐하게 선택할 수밖에 없다. 따라서 조금이라도 더 능력 있고, 믿을 만한 펫시터를 선택하는 데 있어서 별점 평가는 중요한 지표가 된다.

그런데 다른 플랫폼 노동과 한 가지 차이점이 있다. 펫시터를 평가하는 별점이 그리 박하지 않고 별점 테러 같은 건 거의 없다. 대부분의 고객에게 펫시터는 구세주 같은 존재이기 때문이다. 본인 역시 반려 동물을 키워 본 경험자이자 자기 반려 동물의 성격이나 특징을 누구보다 잘 알기에 펫시터의 고충을 이해한다. 따라서 심각한 사고나 실수가 있지 않는한 고마운 마음이 더 클 수밖에 없다.

중개 플랫폼에 등록된 펫시터에게는 일종의 등급이 있는데 이때 중요한 것도 '후기'다. '우수' 펫시터가 되려면 후기가 6개 이상 있어야 한다. 고객의 반응이 좋은 펫시터는 등급이 올라가고, 등급에 따라 이용료도 다르게 책정된다. 우수 펫시터가 되면 플랫폼 상단에 나타나 고객의 선택을 더 많이 받을 수 있다. 이런 경우, 정기적으로 찾는 고객도 하나둘 생기기 시작한다. 보통 1~2개월 전, 명절은 6개월 전에 예약이 끝날 정도로 인기 좋은 이들도 있다. 펫시터는 고객이 지불한 비용에서 업체 수수료 20% 가량을 제외한 나머지 금액을 받는데, 이렇게 인기가 좋은 펫시터가 하루도 빠짐없이 반려 동물을 돌볼 경우에는 월 100만 원 이상을 벌기도 한다. 가벼운 아르바이트로 접근하는 것치고는 수익이 큰 셈이다.

효진 씨는 펫시터를 하면서 고객에게 받았던 쪽지들을 소중하게 간직하고 있다. 때로는 지치고 힘들지만 노력을 알아주는 이가 있다는 것이 이 일을 계속하도록 만드는 원동력이다. 한편으로 누군가에게 가족만큼 소중한 존재를 돌보는 데에 얼마나 무거운 책임감이 따르는지도 느낀다. 그래서 효진 씨는 매 순간 자신의 반려 동물을 돌보듯 최선을 다한다.

효진 씨는 자신이 맡은 강아지의 돌봄 일지를 틈틈이 기록해 고객에게 건네준다. 마치 어린이집 교사가 아이들의 생활

일지를 적어서 부모에게 보내는 것과 비슷하다. 오늘 강아지의 상태는 어땠는지, 잠은 얼마나 잤는지, 산책은 얼마나 했는지, 또 무엇을 먹고 무엇을 하며 놀았는지 등 모든 상황을 세심하게 기록한다. 이 돌봄 일지를 본 고객은 감동을 받을 수밖에 없다. 이런 정성 때문인지 한 번 효진 씨에게 펫시팅을 맡긴 고객은 다시 효진 씨를 찾는다. 내 반려 동물을 안심하고 맡길 수 있다는 믿음이 생겼기 때문이다.

강아지에게 산책을 선물하다

최근 펫시터를 찾는 고객 중에는 산책 서비스만을 요청하는 경우도 있다. 맞벌이를 하거나 1인 가구인 경우, 퇴근이 늦을 때, 외출, 여행 등 여러 가지 이유로 반려 동물의 산책이 불가능한 경우에 주로 이 서비스를 이용한다. 반려 동물 산책만 전문적으로 하는 사람도 있는데, 이들을 '도그 워커'라고 부른다.

반려 동물 가운데에는 실외 배변만 하는 경우도 많다. 이 말은 집에서는 배변 욕구가 있어도 참는다는 뜻이다. 그러니 하루에 적어도 2~3번은 산책을 시켜야 한다. 산책을 나가야만 참았던 배변을 할 수 있기 때문이다. 하지만 맞벌이나 1인 가구는 반려 동물을 하루에 2~3번이나 산책시키는 것이 사실상 불가능하다. 반려인들에게 프로 산책러, 도그 워커가 필요한 이유다.

도그 워커는 산책이 주 업무라서 업무 시간이 펫시터에 비해 보통 1시간에서 2시간 정도 짧다. 도그 워커가 반려 동물의 배식, 놀이, 배변 및 환경 정리, 산책 등의 서비스를 2시간 동안 제공하고 받는 돈은 한 시간에 2~3만 원 선. 따라서 도그 워커를 전문적으로 하는 사람은 평균 200만 원에서 많게는 300~400만 원까지 벌기도 한다. 하지만 수입이 규칙적이지 않다. 도그 워커 일은 계절의 영향을 많이 받기 때문이다. 참고로 날씨가 무덥고 장마가 찾아오는 여름철은 비수기다. 그렇다 하더라도 고객의 대부분은 도그 워커 서비스를 한두 번만 이용하기보다는 한 번 이용하고 만족하면 장기적으로 이용하기 원한다. 정해진 요일, 정해진 시간에 규칙적으로 꾸준히 자신의 반려 동물을 산책시켜 줄 사람을 찾는다.

효진 씨에게도 이렇게 단골 고객이 생겼다. 효진 씨는 일하다 짬이 날 때만 도그 워커를 하는데 어느 정도 단골 고객이 생기면서부터는 하루에 두 건 정도의 일을 꾸준히 하고 있다. 일주일 또는 한 달 내내 이뤄지는 일이 아니라는 것이 문제지만, 하루 2~3시간을 매일 꾸준히 일한다고 치면 월 100만 원 이상의 수입을 올린다는 계산이 나온다. 하루 종일 일하지 않아도 되고 업무 스트레스가 크지 않다는 점을 고려한다면 나름 고수익 아르바이트인 셈이다.

실제로 영국 BBC 방송에서는 "반려 동물을 산책시키는 직업으로 연간 9만 6,000달러, 한화로 약 1억 원을 벌 수 있다."는 뉴스가 보도된 적이 있다. 우리나라에서는 이제 막 입소문을 타기 시작했지만 미국과 영국 등의 선진국에서는 도그 워커가 이미 고소득 직업으로 자리 잡은 지 오래다.

효진 씨는 도그 워커를 할 때, 펫시터 중개 플랫폼 업체의 이름과 로고가 박힌 유니폼과 모자를 착용한다. 플랫폼 업체가 도그 워커를 홍보하고 펫시터에게 책임감을 심어 주기 위해 착용을 권하고 있다. 반려 동물을 산책시키다 보면 여러 가지 돌발 상황이 발생할 가능성이 크다. 따라서 도그 워커는 차나 사람, 다른 강아지들과의 다툼 등 돌발 상황에 대비하고 통제할 수 있어야 한다. 그래서 효진 씨는 산책하기 전부터 목줄이 잘 매여 있는지, 끊어지지는 않았는지, 결함은 없는지를 꼼꼼히 체크한다. 반려 동물 산책에서 중요한 건 첫째도 안전, 둘째도 안전, 셋째도 안전이기 때문이다.

반려 동물을 키우는 가구 수가 증가하면서 자연스레 펫시터를 이용해 보고 싶어 하는 사람도 늘어났다. 펫시터를 하는 효진 씨에게 강아지를 맡기고 싶다며 지인의 소개를 받아 연락하는 경우도 많다. 여러 가지 장점도 많지만 펫시터 3년 차에 접어든 효진 씨는 최근 들어 고민이 생겼다. 바로 수수료 때문이다.

현재 대부분의 펫시터가 펫시터 중개 플랫폼을 통해 일을 시작한다. 중개 플랫폼을 이용하면 개인적인 홍보나 고객을 찾아야 하는 부담을 덜 수 있으니 일을 시작하는 초기에는 20%에 달하는 수수료가 그리 크게 느껴지지 않는다. 하지만 경력이 어느 정도 쌓이면 바로 이 수수료가 부담이 되기 시작한다. 특히 펫시터는 보기보다 일이 훨씬 더 어렵기 때문에 이러한 고민은 자연스러운 현상이다.

고객이 1시간 동안 도그 워커를 이용하고 지불하는 비용은 25,300원이지만, 수수료와 세금을 떼고 효진 씨의 손에 들어오는 금액은 18,400원이다. 다른 일을 하고 있는 효진 씨가 도그 워커로 일할 기회는 하루에 많아야 두 건, 2시간 동안 도그 워커 일을 하고 효진 씨가 버는 돈은 36,800원이다. 시간

당 페이로 보면 매우 높은 편이지만 효진 씨에게는 펫시터로
번 하루 일당이다. 매일 이렇게 번다면 좋기야 하겠지만, 다른
일을 하면서 시간적 여유가 있을 때만 하는 경우에는 이야기
가 달라진다. 리뷰와 별점으로 평가되는 플랫폼상의 매칭에서
경쟁력이 떨어지기 때문이다. 더 많은 돈을 벌려면 더 많은 시
간 플랫폼에서 일해야 하지만 다른 직업이 있는 효진 씨에겐
현실적으로 불가능한 일이다.

또 효진 씨는 주로 고객의 집에 직접 방문해서 돌봄을 하거
나 산책을 시켜 주는 일을 하는데, 이 경우 예약보다는 실시간
매칭이 이루어지는 경우가 많다. 고객이 펫시터 중개 플랫폼
에서 펫시팅을 요청하면 펫시터들이 곧바로 수락해서 나가는
시스템인 것이다. 다른 일을 겸하면서 파트타임으로 일하는
효진 씨는 바로 일을 나가기 힘들다. 그렇다 보니 상대적으로
고객과의 매칭이 적고 리뷰 수나 평가도 뒤처질 수밖에 없다.

게다가 부수적인 용품 지출이 생각보다 많은 것도 문제다.
배변 봉투나 간식 등은 펫시터가 준비하는 경우가 대부분이
고, 플랫폼 업체에서 제공하는 펫시팅 용품 외에도 산책 중에
배변을 치울 때 사용하는 장갑, 반려 동물 식기 세척용 수세미,
강아지와 놀아 주기 위한 장난감 등 부수적으로 돈 들어갈 일
이 많다.

그래서 효진 씨는 아르바이트가 아닌 풀타임이나 전문적인 일로 펫시터에 접근하고 싶어 하는 사람에게 수익 부분을 잘 고려해야 한다고 조언한다. 관련 상식, 안전 사항 등을 숙지하는 것은 물론이고 공부해야 할 것도 많아서 일하다 보면 수수료가 부담이 되는 순간이 찾아오기 때문이다.

피 말리는 단가 경쟁

숨고 이주영

💬 나의 창작물은 왜 모두 회사의 창작물이 될까?

주영 씨는 대학에서 무대 미술을 전공한 뒤 공간 디자이너로 오랫동안 일했다. 사실 무대 미술 전공자가 곧바로 취직하는 경우는 드문데, 대부분 대학원에 가거나 유학을 택하기 때문이다. 주영 씨는 정규직 직장인이 된 뒤 주변의 부러운 시선을 한 몸에 받았다. 그래서였을까. 앞으로의 인생도 탄탄대로일 줄 알았는데 취업보다 더 힘든 고민이 시작됐다.

디자이너로 사회에 첫발을 내딛은 주영 씨는 기획 과정에서 그림을 그리는 디자이너로 회사의 다양한 프로젝트에 참여했다. 직장 생활 5년 차. 참여한 프로젝트는 셀 수 없이 많았지만 단 한 번도 자신의 저작권을 인정받진 못했다. 주영 씨는 이것이 늘 불만이었지만 디자인 업계에서는 당연한 관례라고 했다. 밤새도록 아이디어를 고민해 독창적인 디자인을 내놓아도 그것은 주영 씨 것이 아닌 회사의 것이었다. 처음에는 '그게 뭐 대수라고' 하며 넘겼지만 디자이너로서 욕심이 생기기 시작하면서 '이게 정말 괜찮은 걸까' 자문하게 됐다.

일반적으로 일러스트레이터는 매절, 즉 저작권 일체 양도 계약을 한다. 적은 금액에 자신의 모든 권리를 다 넘기는 것이다. 서지 정보에 일러스트레이터의 이름이 표기된 경우가 거의 없는 것도 바로 이 때문이다. 그래서 일러스트레이터들 사이에서는 이런 말이 유명하다.

"프리랜서 일러스트레이터는 저작권을 침해당해도 소송할 시간도 돈도 없다."

그런데 이는 프리랜서 일러스트레이터에게만 해당하는 일이 아니다. 회사의 한 직원으로서, 회사의 이름을 걸고 작업한 디자인 창작물 역시 모든 저작권이 '회사'에 귀속된다. 주영 씨의 고민, 창작 과정, 성과물은 대부분 "잘했다."는 한마디면 끝나는 경우가 대부분이다. 고과에 반영돼 진급이라도 하면 그나마 다행이다. 여기에 큰 프로젝트를 수행했다는 경험과 개인의 만족이 더해질 뿐이다.

문제는 이런 과정이 반복되다 보니 성취보다는 좌절이 반복된다는 데 있었다. 주영 씨는 '회사를 위해서 열심히 일한들 내가 얻는 게 뭐지?'라는 생각을 지울 수 없었다.

자기만의 개성을 갖춘 디자이너로 성공하는 것이 목표인 주영 씨. 그런데 문득 이런 고민이 생겼다. '만일 지금의 회사를 그만두면 그동안 작업한 결과물을 포트폴리오로 사용할 수 있을까?' 그렇지 않은 경우가 더 많았다. 그래서 주영 씨는 하루라도 빨리 프리랜서가 되기로 했다. 회사를 위해 일하는 것보다 프리랜서로 자신만의 경쟁력을 갖는 것이 장기적으로는 더낫다고 생각했다. 안정적인 직장을 그만두기란 쉬운 일이 아니었지만 그의 고민은 그리 오래 가지 않았다.

📱 정규직, 정말 안전한가요?

직장 생활 5년 차에 접어든 주영 씨가 퇴사를 결심하게 된 결정적인 사건이 있었다. 회사에서 일 잘하기로 소문난 여자 선배가 있었다. 선배는 주영 씨가 너무나 닮고 싶었던 롤 모델이었다. 어느 날 선배의 결혼 소식이 사내에 퍼졌다. 당연히 축하할 일이었지만 회사는 달가워하지 않았고 선배를 조용히 불러 권고사직을 요구했다.

소문은 삽시간에 퍼져 주영 씨의 귀에도 들어왔다. 직장생활에 관해서는 이제 알만큼 알고, 경험할 만큼 경험했다고 생각했던 그에게 이 사건은 꽤나 충격으로 다가왔다.

아무리 일을 잘하고 뛰어난 감각이 있어도 디자인 회사에서는 여자가 결혼이나 출산 후에는 끝까지 살아남기가 하늘의 별따기만큼 어려운 일이었다. 그제야 주변에 과장 직함을 단 여자 선배가 한 명도 없다는 사실을 알았다. 존경하던 선배가 결혼을 앞두고 권고사직을 당한 뒤 같은 일이 계속 반복됐다. 결혼이나 출산을 앞둔 여성 직원들은 이 방법밖엔 없다면서 스스로 회사를 그만뒀다. 어떻게든 버텨서 출산까지 하고 다시 회사로 돌아온 경우에도 결국에는 얼마 버티지 못하고 퇴사 수순을 밟았다.

정규직이라는 울타리 안에서도 여성으로서 일을 한다는 것은 쉽지 않았다. 그 안에도 엄연한 차별이 존재했는데, 회사는 여자의 결혼과 출산을 걸림돌처럼 여겼다. '내가 열심히 일해도 회사에서 인정받기는 힘들구나. 여성은 혜택을 받을 수 있는 부분이 너무나 적구나.' 회사 생활 5년 차, 디자이너로 몇 개 회사를 전전하면서 느낀 공통점이었다. 남들 눈에는 회사나 정규직이라는 것이 안정적인 울타리처럼 보일지 몰라도 하루하루 성장과 특별한 커리어를 꿈꾸는 사람에게는 족쇄나 다름없었다.

디자인 회사에 다니는 직원들은 누구나 한 번쯤 프리랜서를 꿈꾼다. 개인으로서도 얼마든지 대단위 프로젝트를 소화할 수 있기 때문이다. 실력과 능력이 있으면 프리랜서의 삶은 더 많은 부와 기회를 가져다준다.

20대 후반, 주영 씨는 결단을 내렸다. 부모님도 주변 친구들도 모두 말렸다. "어렵게 들어간 회사를 박차고 나오다니 제정신이냐."라고. 그럼에도 그는 독립했고 '프리랜서'이자 '플랫폼 노동자'가 됐다.

💬 독립해도 괜찮아! 플랫폼이 있으니까

주영 씨는 회사를 그만둔 뒤 평소 눈여겨봐 오던 일러스트에 집중하기로 했다. 회사에 몸담고 있을 때는 주어진 일만 하면 됐지만, 프리랜서라면 잘하는 일을 하는 것이 중요하다고 생각했다. 다행히 회사 생활이 큰 도움이 됐다. 회사에서 다양한 디자인 업무를 기획하고 그림을 그리면서 일러스트에 흥미와 재능이 있다는 것을 알 수 있었고, 그 덕분에 일러스트레이터 일을 하는 것으로 방향을 빠르게 정할 수 있었다.

일러스트레이터는 한마디로 동화나 소설 또는 신문과 잡지의 표지나 본문 삽화를 그리는 화가다. 주영 씨는 주로 원단에 들어가는 패턴과 제품 패키지 일러스트를 그린다. 그가 그린 패턴이 옷으로 만들어지고, 그가 그린 디자인이 아트 상품으로 판매되기도 한다. 다양한 주제로 꾸준히 그림을 그려 온 덕분에 작품을 모아 전시회를 열기도 했다. 어느덧 일러스트레이터 8년 차. 주영 씨가 일러스트레이터로서 활발하게 활동할 수 있었던 것은 모두 플랫폼 덕분이다.

사실 프리랜서라는 직업 형태는 오래 전부터 있었다. 하지만 최근 들어 통신과 인터넷 기술의 발달로 이메일과 클라우드를 이용한 업무 소통과 작업물 공유가 원활해지면서 플랫폼 시장이 크게 성장했다. 창작물을 인터넷에 올려 실력을 입증할 기회도 훨씬 많아졌으니 한마디로 주영 씨는 시대를 잘 만난 셈이다.

프리랜서로 성공하기 위해 가장 중요한 것은 창작물을 배포할 플랫폼과 차별화된 콘텐츠다. 그런 의미에서 SNS야말로 주영 씨에게 훌륭한 홍보처였다. 그의 SNS는 지금껏 작업한 창작물 사진으로 가득하다. 독특한 패턴과 눈길을 사로잡는 디자인만 봐도 그가 어떤 디자이너인지 한눈에 알 수 있다. SNS를 통해 불특정 다수의 사람들에게 자신만의 디자인을 알릴 수 있었고, 그 결과는 모두 수익으로 돌아왔다. 최근에는 중소기업은 물론이고 굴지의 대기업과도 협업하는 등 다방면에서 그의 역량을 십분 발휘하고 있다.

과거 일러스트레이터가 일을 구하는 방식 중 절반은 인맥을 통해서였다. 대부분 누군가의 소개로 일을 의뢰받았다. 그러다가 프리랜서 디자이너를 섭외하는 온라인 사이트를 통해 의뢰를 받는 게 일반화됐고, 최근에는 플랫폼에서 거래가 활발하게 이뤄지고 있다. 플랫폼을 이용하려면 일정한 수수료를 내야 한다. 하지만 대다수의 일러스트레이터는 한두 개 이상의 플랫폼에 등록해 일감을 얻는다. 그래야만 다양한 일감을 얻을 수 있기 때문이다.

고객과 일러스트레이터를 연결하는 플랫폼 서비스의 경우, 고객이 요청서를 작성하면 프리랜서 일러스트레이터는 견적서를 발송한다. 그러면 고객은 경력과 포트폴리오를 참고해 일러스트레이터를 선택해 매칭이 이루어지는 시스템이다. 일러스트레이터는 플랫폼에서 로고나 UI, 웹 디자인, 상세 페이지, 일러스트 등 디자인 카테고리에 맞는 서비스를 판매해서 수익을 내고 입소문을 통해 단골을 유치한다. 2017년에는 한 플랫폼 업체에서만 수익이 1억 원 넘은 판매자가 스무 명이 나왔을 정도로 일러스트레이터가 활약하는 플랫폼 시장 규모는 점점 더 커지고 있다. 이제 일러스트레이터들은 디지털 플랫폼을 무대로 노동력을 제공하고 작품 활동을 하는 대표적인 플랫폼 노동자로 자리 잡았다.

특히 플랫폼은 주영 씨처럼 독립적으로 일하는 프리랜서가 활동하기에는 더없이 좋은 무대다. 경력이나 인맥 없이도 자신만의 차별화된 디자인과 스타일로 어필할 수 있기 때문이다. 플랫폼에서의 또 다른 장점은 다양한 분야의 작업이 들어온다는 것이다. 직장생활을 할 때 주영 씨는 정해진 분야에서만 일했다. 그러다 보니 자신이 하는 일 외에 다른 영역에는 관심이 없었던 게 사실이다. 하지만 프리랜서로 일하다 보니 그동안 외면했던, 나와는 상관없는 일이라고 생각했던 다양한 사회 문제에 관심을 갖게 됐다.

디자인은 유행에 민감하다. 그만큼 시대의 트렌드와 생각, 감수성을 담아내는 것이 중요하다. 상품을 디자인하는 일도 마찬가지다. 환경이나 동물, 기후 위기 등 우리 사회가 고민하는 문제들을 디자인에 담아내야 한다. 주영 씨 역시 디자인을 통해 그동안 부당하다고만 생각했던 여성 문제, 성 역할 문제, 환경 오염과 쓰레기 문제, 기후 위기 문제에 대해 고민하게 됐다. 프리랜서가 됐기에 어떤 일러스트레이터가 되고 싶은지 진지하게 생각해 볼 수 있는 기회가 생겼다. 그 결과 올바른 목소리를 내는 일러스트레이터가 되고 싶다고 생각했고, 지금 자신이 옳다고 생각한 그 길로 한 걸음씩 나아가는 중이다.

💬 너의 엄마에게도 너의 그림 페이를 말하지 마라

기본적인 의식주부터 운전, 배달, 이사, 청소 등 우리 일상의 노동은 대부분 플랫폼에서 거래된다. 플랫폼에서 거래되지 않는 노동을 찾기 힘들 정도다. 플랫폼 노동 시장의 가장 큰 특징은 진입 장벽이 낮다는 것이다. 채용 절차는 물론이고, 공모전 입상 경력 같은 선별 기준도 없으니 대단한 경력이나 기술 없이도 누구나 쉽게 도전할 수 있다. 그래서 N잡러에게는 더할 나위 없이 쏠쏠한 아르바이트가 된다.

또 다른 특징은 일할 사람을 구하는 쪽이나 일감을 구하는 쪽을 아주 투명하게 보여준다는 것이다. 하지만 이로 인한 부작용도 있다. 단가 경쟁에 강제로 노출되는 것이다. 고객 입장에서는 더 저렴하게 더 좋은 성과물을 내는 업체를 찾을 수 있는 장점이 있지만 노동자 입장에서는 스스로 보수를 깎을 수밖에 없는 구조다. 경쟁자의 가격을 가시적으로 보여주기 때문에 일감을 얻으려면 눈치 보듯 단가를 내리게 된다.

플랫폼 노동자 중에는 주영 씨처럼 전업으로 일하는 사람만 있는 게 아니라 부업으로 일하는 사람들도 많다. 예를 들어 전문적인 일러스트레이터가 아닌 이들은 주로 온라인 클래스를 내세워 플랫폼 노동에 진입한다. "퇴근하고 집에 가서 조금만 일하면 부수입을 이만큼 올릴 수 있다."는 홍보 때문이다. 자신이 가진 재능으로 부수입을 얻을 수 있는 좋은 기회가 있으니 한 번 도전해 보라는 말에 '한 번 해 볼까?' 하는 가벼운 마음으로 플랫폼 노동에 뛰어드는 것이다. 이들이 플랫폼 노동에 뛰어든 건 돈 때문이 아니라 색다른 경험을 하고 싶어서다. 문제는 이런 사람들이 단 몇 번의 특별한 경험을 위해 정말 손쉽게 단가를 낮춰 버린다는 데 있다. 이들이 낮춰 놓은 단가는 기존 일러스트레이터들에게 고스란히 영향을 준다. 플랫폼에서는 단가가 낮은 곳으로 일이 몰리고, 낮은 단가가 곧 고객 만족의 기준이 되며, 고객 만족이 그대로 별점에 반영된다.

일러스트레이터는 프리랜서이기도 하지만 예술가이기도 하다. 고객의 요구를 충족시키기 위해 주영 씨는 24시간이 모자

랄 정도로 바쁘다. 수주한 업무를 완성하는 작업 외에도 업무를 전체적으로 구상하고, 새로운 기법을 연습하고, 다른 일러스트 스타일을 공부하고, 틈틈이 다른 일감을 얻기 위한 홍보 활동도 해야 한다. 자신의 가치를 높이기 위해 더 많은 시간과 돈을 투자하는 것이다. 그러다 보니 노동 시간은 무한정 늘어나고, 고객을 위해 주말을 포기하며 스스로를 갈아 넣는다. 항상 마감에 쫓기지만 마감 없는 날에도 더 나은 그림을 위해 스스로 노동력을 착취한다. 이렇게 열심히 일하는데도 어찌된 영문인지 단가는 점점 낮아진다. 과연 언제까지 이렇게 일할 수 있을까? 일할 때마다 쑤시는 손목, 밤샘에 지쳐가는 체력, 과연 언제까지 버틸 수 있을까?

그뿐인가. 최소한 받아야 할 작품비에 대한 기준도 제대로 마련돼 있지 않다. 프리랜서에게 가장 어려운 결정은 시간과 전문성을 금액으로 따져 청구하는 일이다. 가격이 너무 높으면 고객이 끊긴다. 그렇다고 가격을 너무 낮게 책정하면 프리랜서로서 자신의 실력과 가치를 낮추는 것과 같다. 그러니 '다른 작가들은 어떻게 했지? 내가 이 정도 금액을 받으면 욕먹는 거 아닐까?' 하면서 남들 눈치를 보고, 다른 사람을 의식할 수밖에 없다.

일러스트레이터들은 보통 '비딩'을 통해서 일을 받는다. 한

마디로 일을 줄 때, 여러 일러스트레이터의 가격을 오픈하고 서로 경쟁시키는 구조다. 주영 씨도 여러 차례 비딩에 참여 했는데 그때마다 받은 질문은 한결같았다. "어떤 작가는 얼마에 할 수 있다고 한다."라고 넌지시 말하고 나서 "얼마에 할 거냐?"고 묻는 것이다. 결국 다섯 명이 비딩에 참여하면 그 중 가장 낮은 단가를 제시한 사람이 그 일을 하게 된다. 이것이 과연 공정한 경쟁일까? 이러한 단가 경쟁을 프리랜서의 숙명으로 받아들여야만 하는 걸까?

단가 경쟁이 무조건 나쁘다고만 말할 수는 없다. 신인이라 단 한 줄의 포트폴리오라도 더 원하는 사람들은 낮은 가격에 그 일을 잡을 수밖에 없기 때문이다. 하지만 이런 식의 제 살 깎아먹기마저 플랫폼 노동자가 온전히 감수해야 하는 구조 자체가 문제인 것이다.

영국 일러스트레이터 시장에서는 "너의 엄마에게도 너의 그림 페이를 말하지 마라."고 교육한다고 하는데, 우리나라 일러스트레이터들은 오늘도 다른 작가와 비교당하며 단가 경쟁에 내몰린다. 이러한 단가 경쟁은 플랫폼에서 더 치열하다 못해 심지어 자신의 단가를 낮춰야만 더 오래 살아남을 수 있다.

🗨 '노동자'로 인정받기

주영 씨가 일러스트레이터가 된 후 겪은 가장 큰 변화는 일하는 환경이 달라진 것이다. 매일 아침 졸린 눈을 비비며 회사에 출근하기 바빴는데, 지금은 그런 일상마저 추억이 됐다. 그는 대체로 집이나 카페에서 일을 한다.

코로나19로 재택근무에 대한 인식이 많이 바뀌었지만 주영 씨가 직장을 그만두고 집에서 일할 때만 해도 가족의 따가운 눈총을 견뎌야 했다. 식구들은 집에 있는 그가 '일한다'고 생각하지 않았다. 일러스트레이터에게는 자료 조사가 중요하기 때문에 여러 가지 책을 읽고, 영상을 찾아보기도 한다. 또한 자신의 일러스트를 사진 찍고 SNS에 올려 홍보하느라 많은 시간을 컴퓨터 앞에서 보낸다. 어른들 눈에 일은 안 하고 노는 것처럼 보일 만도 하다. 실제로 주영 씨가 부모님께 가장 많이 들었던 잔소리도 집에서 맨날 컴퓨터만 들여다보느냐는 것이었다. 프리랜서가 노동자로 인정받으려면 앞으로 얼마나 더 많은 시간이 필요할까.

주영 씨가 졸업할 당시 대학가에는 학과 통폐합이 이뤄지고 있었다. 무대 디자인과도 예외는 아니었는데, 이때 무대 디자인 전공자 대부분은 취업 대신 유학이나 대학원 진학을 선택했다. 따라서 굳이 따지자면 취업률 0%는 대부분 무대 디자인과 차지였다. 그런데 이게 바로 문제가 됐다. 취업률이 0%라는 이유로 학과가 존폐의 기로에 서고 만 것이다. 학과가 없어질 뻔한 위기 앞에서 느낀 상실감과 좌절감은 이루 말할 수 없었다. 이때의 일은 주영 씨에게 너무나 가슴 아픈 기억으로 남아 있다.

문화 예술 쪽의 일은 다른 일과 달리 수치화가 어렵다. 어느 정도의 시간과 노력이 들어가더라도 돈으로 헤아리기 힘든 무형의 가치가 투입되는 일이므로 계측하기 쉽지 않다. 그래서 우리 사회에서 창작자들은 '백수'로 치부되거나 실업자 수에 포함되기도 하며 때로는 아르바이트생으로 분류되기도 한다. 그야말로 '웃픈' 일이 아닐 수 없지만 이것이 현실이다. 그럼에도 주영 씨는 창작이야말로 우리 사회에 꼭 필요한 일이라고 생각한다. 일러스트레이터라는 직업을 선택한 것도 그 때문이다.

"창작자들이 사회 전체의 면역력을 높이는 역할을 하거든요. 사회의 체온을 높이는 것은 우리 눈에 보이지는 않지만 우리가 다 같이 건강해지고, 사회의 안 좋은 모습들을 조금 더 줄여나갈 수 있게끔 정서적인 치유를 하는 일이에요. 그런 부분을 우리 사회가 인정하고, 노동의 형태를 함께 고민해 볼 필요가 있는 것 같아요."

최근 일러스트레이터들의 상당수가 플랫폼으로 옮겨 가면서 여러 가지 문제가 수면 위로 드러나고 있다. 가장 큰 문제는 무려 20년 동안 바뀌지 않는 단가와, 노동자로 인정받지 못하는 것이다. 이에 대해 주영 씨를 비롯한 일러스트레이터들이 함께 대응에 나섰다. '우리가 최소한 이 정도는 받자.'라고 합의한 것이다. 일러스트레이터들이 뜻을 모아서 적정한 단가 기준을 참고할 수 있도록 실제 단가 정보를 입력하도록 한 뒤 취합한 일러스트 단가표를 홈페이지에 게시했다. 하지만 이는 곧 저지됐다. 2019년 공정거래위원회가 이를 담합 행위로 보고 시정 명령을 내린 것이다. 일러스트레이터를 프리랜서 노동자가 아닌 사업주로 본 결과였다.

바꿔 말하면 노동조합 활동을 위한 플랫폼 노동자의 초기 조직 활동은 공정거래법으로 제약을 받을 가능성이 있다는 뜻이다. 플랫폼 노동자가 노동조합법상 노동자성을 확인받지 못하면 근로 조건 개선 요구를 하거나 선전, 홍보하는 것이 모두 위법 활동이 된다.

일러스트레이터가 플랫폼에서 활동하려면 단가 경쟁에서

자유로울 수 없다. 주체적으로 가격을 결정할 수 있다고는 하지만 그랬다가는 플랫폼에서 살아남기 힘들다. 그들은 자신의 노동을 완벽하게 통제하지 못한 채 플랫폼이라는 사용자의 통제 아래서 노동력의 대가를 지급받아 살아가기 때문이다. 따지고 보면 다른 노동자들과 다를 바가 없다. 플랫폼이 더욱더 공정한 세상이 되도록, 그 안에서 모두가 행복하게 일하도록 '노동자'로서 정당한 노동을 제공할 수 있는 그날이 너무 늦지 않게 와야 하지 않을까.

스물여덟, 꿈을 위한 선택

카카오 대리기사 김동규

나는 스물여덟의 대리 운전기사

대학을 갓 졸업한 스물여덟 살의 동규 씨. 그는 8개월 차 초보 대리 운전기사다. 대리 운전 업계에서는 동규 씨 같은 사람을 '대린이'라고 부르는데, 대리 운전기사와 어린이의 합성어로 대리 운전을 처음 시작하는 초보 기사라는 뜻이다.

불과 2016년까지만 하더라도 대리 운전기사 중에는 50대가 40%로 가장 많았지만 지금은 다르다. 신규 등록 기사들의 연령대를 보면 50대는 점점 줄어드는 반면 2030세대가 꾸준히 늘고 있다. 왜 이런 변화가 나타났을까? 여러 가지 이유가 있지만 가장 큰 이유는 접근성이다. 대리 운전 시장이 플랫폼으로 들어오면서부터 변화가 시작된 것이다.

대리 운전기사는 나이가 많건 적건, 어떤 일을 했건, 경력이나 학벌은 중요하지 않다. 운전면허증만 있으면 누구나 한 번쯤 경험 삼아 도전해 볼 수 있다. 최근 대리 운전에 뛰어드는 2030세대의 면면을 살펴보면 대개 수입이 불안정한 대학생, 부업이 필요한 사회 초년생들이다. 이들에게 대리 운전기사는 전업이 아니다. 그저 짧은 시간의 노동으로 소득을 얻을 수 있는 'N번째 직업'인 경우가 더 많다.

동규 씨는 대학생 때부터 생활력 강하다는 이야기를 많이 들었다. 대학에 입학한 뒤로 부모 도움 없이 각종 아르바이트를 하며 스스로 생계를 책임졌다. 방송 쪽에 관심이 많아서 드라마 보조 출연이나 촬영 보조 일을 했고, 제대하고 대학을 졸업한 뒤에는 초등학생을 대상으로 하는 보습 학원을 운영했다. 20대에 비교적 빨리 진로를 결정했기에 가능한 일이었다. 하지만 사회 초년생이었던 그에게는 어느 하나 쉬운 것이 없었다. 보습 학원을 하면서는 매달 나가는 운영비를 감당하는 것이 가장 힘들었다. 한 달은 왜 그토록 빨리 돌아오는지 잠시

숨 돌리고 돌아서면 임대료, 차량 유지비, 교사 급여, 교재비 등 지출해야 할 돈이 만만치 않았다.

부모님께 도움을 받고 싶은 순간도 많았지만 처음 내 손으로 시작한 사업인 만큼 스스로 해내고 싶다는 생각이 강했다. 그때 마침 눈에 들어온 것이 플랫폼 대리 운전기사 광고였다. 대리 운전은 주로 밤에 하니 동규 씨에겐 안성맞춤이었다. 낮에는 학원에서 일하고, 밤에 잠자는 시간을 쪼개서 돈을 벌어야겠다는 생각으로 플랫폼에 대리 운전기사로 등록했다. 대학 시절에 따 둔 운전면허증이 밥벌이가 될 줄은 몰랐다. 운이 좋다고 생각했다. 플랫폼 대리 운전기사는 진입 장벽이 매우 낮아서 마음을 먹으면, 핸드폰과 운전 면허증만 있다면 누구나 시작할 수 있다.

동규 씨는 해가 지면 거리로 나선다. 그의 발걸음은 사람들이 가장 붐비는 곳으로 향한다. 강남, 홍대, 이태원 등 수많은 인파 사이에서 오로지 핸드폰에만 시선을 고정하는 동규 씨. 특히 대리 콜이 집중되는 시간에 한 건이라도 더 빨리 좋은 콜을 잡으려면 집중 또 집중해야 한다. 그는 등이 땀으로 흠뻑 젖도록 분주하게 뛰어다닌다. 이곳에서 오늘 그의 운명이 결정된다. 어디로 갈지, 얼마를 벌지, 어떤 사람의 차를 대리 운전할지.

우리는 어떤 의미에서 모두 다 '초보'의 과정을 겪는다. 누구나 단 한 번뿐인 인생이라는 길 위에서 '초보'라는 꼬리표를 달고, 첫걸음을 떼는 과정을 거쳐야 한다. 동규 씨의 '초보' 대리 운전기사 일도 그렇게, 막 시작되고 있었다.

📼 단 1초 만에 갈리는 운명, 앵두들의 전쟁

낮에는 보습 학원 원장, 밤에는 대리 운전기사로 일하는 '투잡 기사'이자 도보로 이동하면서 콜을 수행하는 '뚜벅이' 동규 씨의 밤을 따라가 봤다. 모두가 퇴근하는 저녁 시간, 그는 출근을 서두른다. 그의 일은 플랫폼에 접속하면서 시작된다. '출근하기' 버튼을 누르면 화면 속 지도에 '출근한' 대리 운전기사들이 빨간 점으로 나타나는데 이를 속칭 '앵두'라고 부른다. 화면을 가득 채운 빨간 앵두들을 보자 비로소 오늘도 새로운 하루가 시작됐다는 실감이 난다. 수많은 경쟁자가 이미 출근해 콜을 기다리고 있다. 동규 씨는 스스로를 향해 외친다. '오늘도 파이팅!' 엄밀히 말해 모두가 경쟁자이니, 스물여덟 살 동규 씨에게 대리 운전 일 역시 그리 호락호락하지 않을 것이다. 출근 직후부터 콜을 잡는 순간까지 동규 씨는 줄곧 대기 모드다. 그렇다고 막연히 기다리는 것이 아니다. 핸드폰에 일단 시선

고정. 콜이 언제, 어디에서 뜰지 모르기 때문이다.

국토교통부 발표 자료를 보면 2020년 국내 대리 운전 시장 규모는 약 2조 7,672억 원에 이른다. 기존의 전화 호출 중개에서 벗어나 플랫폼 업체들의 대리 운전 시장 참여가 늘어나면서 대리 운전기사들의 경쟁도 나날이 치열해지고 있다. 그래서 동규 씨도 한 가지 플랫폼만 이용하지 않는다. 서로 다른 대리 기사 플랫폼을 동시에 세 개나 이용하는데, 이렇게 해야 더 많은 일을 할 수 있기 때문이다.

여기에서 잠깐 살펴보면, 플랫폼 대리 운전기사의 세계에는 그들만의 용어가 있다. 동규 씨 역시 대리 운전에 입문하려면 용어 공부가 필수라고 말한다. 업계 용어를 빨리 파악해야 업무를 수행하기 쉽기 때문이다. '콜'은 플랫폼 대리 운전기사용 프로그램에 올라오는 고객의 주문을 뜻한다. 손님이 출발지와 도착지를 정하고 대리 운전을 요청하면 기사용 프로그램에 나타나는데 이것이 바로 콜이다. 이 중에서 가격, 도착지, 이동 시간, 이동 거리 등을 고려했을 때 매우 좋은 콜을 '꿀콜', 이와 반대되는 나쁜 콜을 '똥콜'이라고 한다. 그 밖에도 다음과 같은 용어들이 있다.

앵두 주변 대리 기사의 위치를 표시한 빨간 점

오지 콜이 없는 지역 또는 대리 기사가 너무 많이 밀집한 지역

택틀 대리 기사 여럿이 택시비를 나누어 내며 오지에서 나오는 택시 셔틀

투잡 기사 낮에 본업 또는 직장에서 일하고 밤에 대리 운전을 하는 기사

뚜벅이 도보로 이동하면서 콜을 수행하는 기사

대리 기사들이 플랫폼에서 현재 위치 보기를 누르면 자신과 주변 기사들의 위치가 앵두 같은 빨간 점으로 나타난다. 이 '앵두'가 많으면 주변에 대리 운전기사가 많다는 뜻이다. 출근하자마자 화면을 가득 채운 새빨간 앵두를 보며 동규 씨는 마음이 조급해진다. 결국 이들이 다 오늘의 경쟁자이기 때문이다. 수많은 앵두들의 전쟁터 한가운데 그도 서 있다. 돈 되는 콜을 먼저 잡으려는 앵두들의 전쟁. 이 전쟁의 승부는 단 1초 만에 갈린다.

"0.001초라도 먼저 터치하는 사람에게 콜이 가요. 갔다 오는 데 시간이 얼마나 걸리고 비용은 얼마나 되나 계산하다 보면 콜이 사라져요. 빨간 점이 빼곡한 화면을 보고 있으면 숨이 막히죠."

💬 플랫폼은 대리 운전기사들의 밥벌이 세계

플랫폼 대리 운전기사 애플리케이션에는 손님 위치, 운전 거리, 예상 요금 등이 나타난다. 도착지가 손님이 많은 강남이거나 비싼 요금을 받을 수 있는 귀한 꿀콜은 앵두들의 손가락 경쟁에 의해 순식간에 사라진다. 마치 신기루가 나타났다 사라지는 게 이런 느낌일까. 그렇다 보니 대리 운전기사들 중엔 최신 핸드폰으로 바꾸는 사람도 종종 있다. 4G와 5G가 함께 있으면 5G는 콜을 받아도 4G는 못 받는다나? 장비에 투자하는 것이 하나의 경쟁력인 셈이다.

동규 씨도 더 빨리 콜을 잡기 위해 최신 기종의 핸드폰을 마련했다. 출근 직전, 동규 씨는 핸드폰을 재부팅한다. 그러면 가동 속도가 빨라진다는 이야기를 들었기 때문이다. 남보다 빠르게 금액과 행선지 등 조건이 좋은 '꿀콜'을 잡기 위한 나름의 노하우다. 단 1초도 안 되는 짧은 시간에 갈리는 승부의 세계에서 속도를 높일 수만 있다면 무엇이든 해야 한다.

대리 운전을 원하는 고객은 언제 나타날지 모른다. 화면에 나타나는 찰나에 콜을 낚아채야 한다. 기사들 모두 촉각을 곤두세우기 때문에 '꿀콜'은 뜨기 무섭게 백발백중 '순삭', 즉 순간 삭제된다. 그 운을 잡기 위해 좋은 콜이 뜰 때 누구보다 먼저 낚아채기 위해 동규 씨는 끊임없이 '새로 고침' 버튼을 눌러 콜 요청 정보를 업데이트하며 핸드폰에서 눈을 떼지 못한다. 플랫폼에서는 한 건, 한 건의 콜이 수입과 직결되기 때문이다. 먹이를 찾는 하이에나가 바로 이런 모습일까. 이렇게 핸드폰 속 작은 화면만 들여다보는 동규 씨의 집중력이 그저 놀라울 정도다. 하루 종일 고개를 푹 숙이고 핸드폰만 바라보고 있으니 목 디스크가 생기는 것도 무리가 아니라는 동규 씨의 하소연이 이해된다.

어디 그뿐인가. 콜을 잡기 전까지는 화장실에도 가지 못한다. 화장실을 찾는 것부터 시간을 잡아 먹는 탓이다. 그렇다 보니 동규 씨는 하루 종일 물 한 모금 마시지 않는 날도 허다하다. 물뿐인가. 저녁을 굶는 날도 많은데 너무 배가 고파서 끼니를 때우러 음식점에 들어가려면 엄청난 용기를 내야 한다. 배를 채우느라 돈을 쓰고, 콜까지 놓치면 손해가 이만저만이 아니니, 그 시간에 차라리 콜을 기다리는 것이 낫다고 판단해서다.

일과 휴식의 경계가 사라진 지도 오래다. 콜센터에서 고객을 연결해 주던 과거에는 대리 운전기사들의 경쟁이 이 정도는 아니었다. 하지만 플랫폼에서는 각자도생이 숙명이다 보니 한 건 한 건 일을 치열하게 찾아야 한다. 그러면서 모두를 경쟁자로 느껴야 하는 현실이 조금 슬프고 씁쓸하다. 같은 일하는 사람들이 동료가 아닌 경쟁자로 인식되는 순간, 불안과 압박감은 커질 수밖에 없다.

그렇다면 동규 씨에겐 어떤 콜이 좋은 콜일까. 뚜벅이 기사인 그는 목적지가 버스나 지하철역과 가까운 곳을 선호한다. 대리 운전을 마치고 난 뒤에 대중교통을 이용해 집으로 돌아갈 수 있기 때문이다. 동규 씨가 남보다 더 전투적으로 콜을 확인하는 이유다.

콜을 잡을 때 동규 씨가 가장 두려운 것은 핸드폰 배터리가 닳는 것이다. 대리 운전기사들은 한시도 손에서 핸드폰을 놓지 않기 때문에 배터리가 늘 부족할 수밖에 없는데 동규 씨는 배터리 잔량이 60%만 되도 불안함을 느낀다. 왜냐하면 그가 초창기에 저지른 치명적인 실수 때문이다. 배터리를 충분히 충전하지 않아서 중간에 방전돼 허탕을 친 날이 여러 번. 그 뒤로 동규 씨는 항상 보조 배터리를 두 개씩 들고 다닌다.

대리 운전기사들은 핸드폰 보조 배터리를 '탄창'이라고 부른다. 그들에게 핸드폰은 전쟁터에 나가는 군인의 총과 다름없다. 대리 운전 앱으로 콜을 잡아야 하기 때문이다. 총에 탄창이 없으면 무용지물이듯, 핸드폰 없이는 생업 전선에 나갈 수 없다.

동규 씨가 일하는 모습을 지켜보다 보니 김훈 작가의 《밥벌이의 지겨움》에 나오는 한 구절이 떠올랐다.

"배터리가 다 떨어지면 핸드폰은 꼬르륵 소리를 내면서 죽는다. 핸드폰이 꼬르륵 죽어 버리면 나는 이 세계와 단절된다.

거리에서, 핸드폰이 꼬르륵 죽어 버리면, 나는 문득 이제 그만 살고 싶어진다. 내가 이 세상과 단절되는 소리가 이처럼 사소하다니. 꼬르륵……."

동규 씨에게 핸드폰은 밥벌이 수단이자 대리 운전기사의 세계와 연결해 주는 중요한 도구다. 플랫폼이 동규 씨에게 새로운 직업을 선물해 준 기회의 장인 건 분명하지만 한편으로는 그를 끊임없이 경쟁에 내모는 족쇄인지도 모른다.

💬 귀한 직업은 있어도 천한 직업은 없다

플랫폼을 통해 대리 운전기사에 뛰어들 때만 해도 모든 게 순조로웠다. 하지만 동규 씨는 어린 나이, 짧은 운전 경력 때문에 스트레스를 받았다. 학교에서 직업에는 귀천이 없다고 배웠지만 그가 경험한 현실에서는 직업에 귀천이 있었다.

고객: 대리 운전 얼마나 했어요?

동규: 8개월 됐습니다.

고객: 운전할 수 있겠어요?

동규: 네.

고객: 몇 살이에요?

동규: 스물여덟입니다.

고객: 에이. 스물여덟이면 대리 하기에는 좀 이른데?

앳된 얼굴과 목소리 탓일까. 그가 대리 운전을 하면서 가장 많이 받은 질문은 나이에 관한 것이었다. 고객들은 주로 중장년, 아버지뻘인 경우가 많았는데 그들 눈에는 동규 씨가 아들 또래로 보였던 게다. 나이가 어리다는 이유로 다짜고짜 반말부터 하는 경우는 기본이고, 젊은 나이에 대리 운전기사를 하는 동규 씨가 못 미더운지 운전은 제대로 할 수 있겠느냐면서 잔소리를 늘어놓는 사람도 많다. 심한 경우에는 운전석에 다리를 올리며 발 냄새를 풀풀 풍기기도 한다. 대리 운전보다 더 힘든 건 감정 노동이다.

술에 취해 막무가내로 시비를 걸거나 무례하게 구는 사람을 상대하기란 쉬운 일이 아니다. 그들에게는 레퍼토리가 있다. 동규 씨의 나이를 묻고는 마치 약속이라도 한 것처럼 똑같은 질문을 한다.

"젊은 나이에 왜 이런 일을 하느냐"는 것. 그들이 말하는 '이런 일'이란 도대체 무슨 일일까? 동규 씨는 정확하게는 모르지만 어렴풋이는 안다. 분명 좋은 의미는 아니라는 걸. 남에게 피해를 주거나 법을 어기는 것도 아닌데 왜 자신이 잘못하고 있다는 느낌을 받아야 하는지 이해되지 않는다. 왜 젊은 나이에 더 좋은 직업을 찾지 않는지, 왜 더 노력하지 않는지, 왜 이 정도 일밖에 못하는지 다그치듯 들리는 것은 그저 자격지심 탓일까? 고객들의 질문에 그저 미소만 지을 뿐이지만 자신의 일이 직업으로 존중받지 못한다는 쓸쓸함을 지울 수 없다.

동규 씨라고 어찌 그런 마음이 없을까. 플랫폼에서의 노동은 고되다. 끊임없이 일거리를 찾아야만 하는 수고로움과 스트레스가 크다. 게다가 누구나 경쟁자가 될 수 있기 때문에 그 어떤 사회보다 치열하고 불안하다. 그럼에도 동규 씨가 이 일을 놓지 못하는 이유는 이렇게 번 돈이 꿈을 이루는 데 보탬이 되기 때문이다. 자신이 처음 시작한 학원 사업이 더 번창했으면 좋겠고, 더 잘되길 바라기에 누구보다 열심히 이 일에 매달릴 수밖에 없다.

그래서 누군가에겐 하찮고 천해 보이는 이 일이 동규 씨에게는 소중하다. 대리 운전기사라는 직업이 아니었다면 학원 사업을 진작 포기했을지도 모른다. 하지만 하루하루 그가 흘린 땀이 학원을 지탱해 주고 있다. 귀한 직업은 있어도 천한 직업은 없다고 믿는 이유다.

💬 플랫폼에서 '최소한'으로 책정되는 노동의 대가

1982년 2월, 한 신문에서 대리 운전의 등장을 이렇게 소개했다.

"음주 운전 등 심야 교통질서 위반사범에 대한 경찰의 단속이 강화되자 서울에는 벌써 술 취한 오너 기사들을 위한 대리 운전 회사가 몇몇 등장해 하루 30건씩 실적을 올리는 등 영업을 꾸려나가고 있다."

기사에 따르면 대리 운전은 1981년 경찰의 음주 측정기 도입·단속이 기폭제가 되면서 번창했다. 1982년 1월 5일 통행금지가 해제되면서 때마침 불어 닥친 마이카 열풍으로 국민은 야간 통행의 자유를 만끽했고, 대리 운전 산업이 여기에 편승했다는 것이다. 대리 운전이 마이카 열풍과 함께 시작됐다는 점이 흥미롭다. 80년대만 해도 몇몇 업체뿐이었던 대리 운전 회사. 하지만 최근 대리 운전기사가 플랫폼 노동으로 옮겨가면서 대리 운전 회사는 폭발적으로 늘어났다. 진입 장벽 또한 더욱 낮아졌다. 대리 운전기사로 유입되는 사람 중 절반 이상이 청년이다. 계속되는 고용 한파에 코로나19까지 더해지면서 청년들의 구직난은 매우 심각한 상황이다. 실업자와 신용불량자가 합쳐진 '청년실신시대'라는 신조어까지 만들어졌다. 어디 젊은 청년들뿐인가. 팍팍해진 살림살이 탓에 여성과 노년층까지 대리 운전에 뛰어들고 있다. 대리 운전기사들이 많아지고, 경쟁이 치열해지면서 대다수의 대리 운전기사들은 보통 2~3개의 대리 운전 앱을 사용한다. 그러면 하루 평균 7시간 동안 5건 정도의 일을 수행할 수 있다. 이렇게 한 달 내내 일해서 얻는 수입은 약 200만 원.

대리 기사 앱을 여러 개 깔면 콜을 받을 확률도 높아지지만 그만큼 고정 지출도 커진다. 기사들은 매달 대리 운전기사 플랫폼 업체에 평균 3만 8,000원의 프로그램 사용료와 11만 8,000원의 보험료 등을 내야 하기 때문이다. 여러 업체에 등록하면 사용료와 보험료도 중복으로 부담해야 한다.

동규 씨는 매일 밤 열심히 뛰어다닌다. 대리 기사들이 한창 수입을 올릴 시간인 저녁 6시부터 새벽 1시까지 까만 밤을 대리 운전해 버는 돈은 6만 원 남짓(코로나19 확산에 따른 사회적 거리 두기로 밤 10시 이후 식당 영업이 중단되면서 대리 기사들의 피크 타임은 더 짧아졌고 수입도 줄었다). 하지만 이마저도 온전히 동규 씨 몫이 아니다. 플랫폼 업체가 가져가는 수수료는 20%. 고객에게 요금 만 원을 받으면 2,000원을 수수료로 내야 한다.

그렇다 보니 '똥콜'을 받아야 할 땐 참으로 난감하다. 밤 12시 무렵, 만 원짜리 콜을 잡았다. 대리 운전을 마치고 집으로 돌아올 시간이면 대중교통이 끊기므로 택시를 타야 한다. 배보다 배꼽이 더 커지는 상황이다. 수지타산이 영 맞지 않는다. 게다가 새벽 시간 노동이라는 것을 감안하면 최저 임금에도 미치지 못한다. 그래서 동규 씨는 시간이 점점 늦어질수록 '똥콜'은 거르고, 요금도 1만 5,000원 이상인 콜을 잡으려고 한다. 수수료를 생각하면 이 방법이 최선이다.

"매일 7시간 정도 일해서 6만 원 정도 벌어요. 하지만 수수료를 떼고 나면 제 손에 쥐는 돈은 얼마 안돼요. 그러다 보니 최근에는 대리 건수를 더 많이 잡을 수밖에 없는데, 문제는 일하는 시간도 계속 늘어난다는 거예요."

수수료가 부담되지만 돈을 벌려면 어쩔 수 없이 플랫폼을 이용해야 한다는 동규 씨. 자신이 원하는 수익을 얻으려면 더 좋은 콜을 잡아 더 많은 시간 일해야 한다.

이런 수수료 부담 때문에 동규 씨는 자동으로 콜을 배정해 주는 플랫폼 업체를 이용하는 것을 고려하고 있다. 자동 콜 배정은 가장 많은 콜이 들어오는 피크 시간인 밤 9시부터 새벽 1시까지 업체가 자동으로 가까운 곳의 콜을 배정해 주는 것이다. 일정 시간 동안 강제로 콜이 정해지고 시급으로 돈을 받는다는 단점은 있지만 경쟁이 치열한 전쟁터에서 잠시나마 숨을 돌릴 수 있다는 장점도 있다. 그는 하루라도 더 이 일을 지속할 수 있는 방법을 찾는 중이다.

대리 운전기사와 소비자를 중개하는 플랫폼 업체가 우후죽순 생기면서 대리 운전 비용은 점점 더 낮아지고 있다. 플랫폼에서 이뤄지는 노동의 대가는 현실과는 거리가 멀다. 플랫폼에 더 많은 대리 운전기사들이 유입될수록, 경쟁이 치열해질수록 그들의 노동은 점점 더 최소한의 품삯으로 계산되고 있는 것이 현실이다.

💬 편의점은 나의 충전소

플랫폼에서 이뤄지는 노동의 특징을 꼽는다면 사무실이 없다는 것이다. 대리 운전기사도 마찬가지인데, 주로 길 위에서 대부분의 시간을 보낸다. 그렇기 때문에 날씨의 영향을 많이 받는다. 무더위와 추위에 무방비로 노출되는 건 기본이고 비라도 오는 날이면 피할 곳을 찾아야 한다. 눈에 보이는 빌딩 안으로 다급히 들어가는 경우도 많지만, 눈치가 보이기 때문에 주로 지하철역에 머문다. 지하철역은 인터넷 와이파이도 돼 동규 씨가 선호하는 곳이다.

대리 운전기사가 하루 평균 운전대를 잡는 것은 운 좋으면 5건 정도고, 나머지 시간에는 대개 콜을 잡기 위해 대기한다. 그렇다면 대체 어디에서 대기하는 걸까. 잠시 쉴 수 있는 공간은 있을까. 결론부터 말하면 그런 곳은 없다. 그가 잠시 쉬기 위해 이용하는 곳은 은행 365 코너나 편의점뿐이다.

콜을 잡기 전까지 음식점에 가서 밥을 먹으면 되지 않느냐고? 대리 콜을 기다리면서 동규 씨가 음식점에 간 적은 손에 꼽을 정도다. 콜을 잡기 위해서는 손에서 핸드폰을 놓을 수가 없기 때문이다. 콜이 뜨는 것에 집중하다 보면 먹는 둥 마는 둥 하거나 음식을 허겁지겁 먹어서 하루 종일 더부룩한 속을 안고 일한 적도 있다. 또 음식을 주문하고 콜을 받는 경우 음식을 그대로 남기고 나오기를 몇 차례 경험한 뒤로 저녁 식사는 사실상 포기했다. 대리 운전기사 일을 할 땐 최대한 간단하게 때운다. 그럼 카페에서 쉬면서 콜을 기다리는 것은 어떠냐고? 카페에 들어가면 마실 것을 시켜야 하니 비용이 발생하는

데, 그날 어떤 콜을 얼마나 받을지 모르는 상황에서 이런 비용은 사치다.

그래서 동규 씨는 오늘도 편의점으로 향한다. 이곳은 동규 씨에게 베이스캠프 같은 곳이다. 차가운 밤공기에 꽁꽁 언 몸을 녹이고, 허기가 지면 삼각 김밥이나 컵라면으로 배를 채울 수 있다. 단돈 2,000원으로 한 끼를 때우고 돈을 조금 더 써도 3,000원이 넘지 않는다. 그가 저녁 한 끼에 부담 없이 쓸 수 있는 최대한의 비용이다.

맛을 보는지 마는지 먹는 속도도 상당히 빠르다. 먹는 순간에도 시선은 핸드폰에 고정돼 있다. 음식의 양이 줄어들수록 얼굴에 조바심이 다 드러난다. 그는 지금 1분 1초가 급하다. 그래도 잠시나마 앉아 있을 수 있는 공간인 편의점이 동규 씨에겐 더없이 좋은 쉼터이자 충전소다. 간단한 요기와 기다림을 동시에 해결할 수 있으니 말이다. 운이 좋으면 핸드폰 배터리를 충전할 수도 있지만 충전하면서도 주변 사람들의 눈치를 살피게 되는 건 왜 일까. 대리 운전기사 일을 하면서 생긴 습관이다. 자기도 모르는 사이에 고객이나 주변 사람들의 눈치를 살피고 있다.

현재 전국의 대리 운전기사는 20만 명 정도로 추정된다. 그들도 아마 동규 씨처럼 은행 365 코너나 편의점에서 콜을 기다릴 것이다. 평범한 옷을 입은 사람이 핸드폰에서 눈을 떼지 못한 채 밤거리를 달리고 있다면, 아마 콜을 잡고 목적지까지 뛰어가는 대리 운전기사일 것이다. 텅 빈 밤거리를 핸드폰만 보면서 정처 없이 걷고 있는 사람, 핸드폰을 손에서 놓지 못한 채 줄 담배를 피우는 사람, 그들의 노동이 도시의 밤을 가득 채우고 있다. 도시가 잠든 시간, 누군가에게 이 밤은 영원처럼 길고 또 이토록 치열하다.

플랫폼 시대의 아메리칸 드림

우버 리카르도 부자(父子)

🗨 우버의 빛과 그림자

"미국에서 성실하게 일하면 무엇을 하든 성공할 것이고, 행복하게 잘살 수 있다"는 아메리칸 드림은 지금도 유효할까? 한동안 신기루처럼 느껴졌던 아메리칸 드림이 다시 싹트기 시작한 것은 4차 산업혁명으로 대표되는 플랫폼 기업의 등장 때문이다. 공장이 없어도 막대한 자본을 투입하지 않아도 기발한 아이디어만으로 실리콘밸리의 영웅이 될 수 있다는 희망은 새로운 아메리칸 드림처럼 여겨졌다.

누군가는 화성으로 가는 꿈을 꾸고, 누군가는 20대에 《타임》지가 선정한 올해의 인물이 되기도 하는 것을 보면 아메리칸 드림의 빛은 여전히 유효한 듯하다. 오늘도 미국 실리콘밸리에서는 새 시대의 일론 머스크와 마크 저커버그를 꿈꾸며 미래를 준비하는 청년들이 새로운 시대의 플랫폼을 설계하고 있다.

여기 한 부자가 있다. 아쉽게도 부자(富者)가 아니라 부자(父子)다. 아버지 리카르도는 우버 기사이며, 그의 아들 리카르도 주니어는 우버와 리프트(승차 공유 플랫폼), 포스트 메이츠(플랫폼 배달 서비스) 등 다양한 플랫폼 일로 생계를 유지하고 있다. 아메리칸 드림의 상징 캘리포니아 주에서 일하지만 자신의 꿈을 이루기 위해 대부분의 시간을 차 안에서 보낸다. 그에게는 자동차가 집이자 일터이며 이동 수단이기 때문이다.

새로운 아메리칸 드림을 일군 실리콘밸리의 주역들이 만든 플랫폼 기업은 리카르도 부자(父子)에게 일자리를 제공했지만, 그 일자리는 이전과 형태가 다르다. '공장'을 만들지 않아도 되는 4차 산업혁명의 모토처럼, 새로운 형태의 기업은 노동자들에게 '지붕'과 '화장실'과 '식사'를 제공하지 않는다. 직장 대신 'task(과업)'와 'mission(임무)'만 부여 받은 리카르도 부자(父子)

는 아무것도 보장해 주지 않고 보호해 주지 않는 '기업'의 업무를 성실히 수행하기 위해 오늘도 도로 위를 달린다.

직장이 사라지는 시대가 왔다. 좀 더 정확히 말하면 '직업'은 그대로인데 직장은 이전과 달라졌다. 현재 미국 노동자의 약 30%는 플랫폼 노동자를 비롯한 프리랜서다. 평생 한 직장에 소속돼 임금을 받던 정규직은 사라지고 '언제 어디서든 자유롭게' 프로젝트 단위로 일하는 사람들이 크게 늘고 있다. 구글, 페이스북, 애플, 트위터, 우버 같은 4차 산업혁명을 이끄는 세계 최고의 플랫폼 기업의 등장으로 변화의 속도는 더욱 빨라지고 있다.

"우리에게 가장 큰 문제는 '차량 공유가 실현 가능한가?', '사람들이 공유하고 싶을 만큼 저렴한 운반 수단을 만들 수 있는가?'였습니다. 다행스럽게도 대답은 압도적으로 '그렇다'였습니다."

― 트래비스 캘러닉(우버 창업자)

이 가운데 차량 공유 서비스 우버는 디지털 플랫폼 기업의 성장과 그에 따른 변화를 가장 잘 보여준다. 우버는 2009년 처음 세상에 등장한 뒤 지난 10여 년간 많은 것을 변화시켰다.

핸드폰에 우버 앱만 설치하면 세계 어디에서든 우버 차량을 손쉽게 이용할 수 있다. 우버 앱에서 예상 요금까지 친절히 알려 주고 기사의 이름과 별점도 확인할 수 있다. 저렴하고 믿을 수 있다는 장점 덕분에 사용자 수도 월 평균 9,100만 명으로 급성장했다(미국 증권거래위원회, 2018).

세계 최대의 승차 공유 플랫폼 기업, 우버는 지금까지 단 한 번도 '우버 차량'을 소유한 적이 없다. 마치 '에어비엔비'가 단 한 채의 집도 소유하지 않은 채 공급자와 수요자를 연결해 주는 기술만으로 세계적인 숙박 플랫폼으로 성장한 것처럼 말이다. 그런데 우버가 등장한 뒤 새로운 형태의 일자리가 생겼다는 사실을 아는 사람은 많지 않다. 얼핏 보면 기존 택시 기사가 우버 기사로 대체된 것처럼 보이지만, 사실은 풀타임 일자리(택시 기사)가 사라지고 긱 경제(Gig Economy), 다시 말해 플랫폼 노동자(우버 기사)가 그 자리를 대체한 것이다. 눈부신 성장을 거듭하는 플랫폼 기업들은 정말 혁신적인 일자리를 만들어 냈을까. 그곳에서 일하는 노동자들은 여전히 아메리칸 드림을 꿈꾸고 있을까.

새벽 5시, 리카르도가 집을 나선다. 주차장에는 고급 캐딜락 차량이 서 있다. 리카르도는 6년 차 우버 기사다. 차량 공유 서비스인 우버는 보유한 차량에 따라 우버 X, 우버 컴포트, 우버 블랙(3,000cc급 고급 차량) 등으로 등급이 나뉜다. 운행하는 차량의 등급이 높을수록 더 높은 수수료를 받는다. 그래서 리카르도는 얼마 전 은행 대출을 받아 닛산 차량(우버 X 등급)에서 캐딜락 차량(우버 블랙 등급)으로 바꿨다. 매달 갚아야 하는 680달러(한화 약 75만 원)의 할부금이 부담스럽지만, 최근 우버 X의 운행 요금이 크게 떨어지면서 선택한 고육지책이다.

리카르도가 운행을 시작하기에 앞서 3개의 핸드폰을 거치대에 달았다. 한 대에는 우버 앱, 또 다른 핸드폰에는 리프트 앱(또 다른 승차 공유 플랫폼 서비스로 우버와 거의 비슷하다), 나머지 한 대에는 내비게이션을 실행했다. 핸드폰마다 각각 다른 앱을 실행해야 남보다 빨리 좋은 콜을 잡을 수 있다. 핸드폰 회선당 월 통신 요금은 60달러(한화 약 6만 원), 리카르도는 매달 총 180달러의 통신 요금을 낸다. 개인사업자 신분인 우버 기사는 핸드폰 요금은 물론 차량 유지에 필요한 모든 비용을 스스로 부담한다.

리카르도의 캐딜락 차량이 도로 위를 달린다. 우버 기사에게 출근 시간(오전 6~9시)은 가장 중요한 시간이다. 하루 24시간 중 가장 많은 콜이 몰리는 만큼 하루 수입도 이 시간대에 얼마나 많은 콜을 잡느냐에 달려 있기 때문이다. '딩동' 순간 리카르도의 우버 앱에 첫 번째 콜이 배정됐다.

> "2.5마일(4km) 거리
>
> 예상 수익 5~6달러"

출근 시간인 점을 고려하면 그리 좋은 콜은 아니다. 잠시 망설이던 리카르도가 콜 수락 버튼을 누른다. 우버의 경우 콜이 배정된 뒤 약 10초 안에 수락 여부를 결정하지 않으면 다른 기사에게 넘어간다. 콜을 수락하자마자 우버 내비게이션이 픽업 장소로 가는 길을 상세히 알려 준다. 우버 기사들은 과거 택시 기사들처럼 LA 시내의 길을 일일이 외우지 않는다. 단지 우버 알고리즘이 알려주는 길을 따라가기만 하면 된다. 우버 콜을 수락하는 순간 보이지 않는 '직장 상사'의 지시를 따르게 되는 것이다. 픽업 장소에 다다르자 길가에 한 남성이 핸드폰을 바라보며 서 있다. 우버 이용객들은 우버 앱으로 차량의 동선을 실시간 확인할 수 있다.

"구스타보 씨인가요?"

"네, 맞아요."

"환영합니다. 오늘은 교통량이 많지만 괜찮아요."

리카르도는 콜을 요청한 승객임을 확인하고 목적지 방향으로 차를 돌렸다. 구스타보(승객)의 우버 앱에서 운행 시작 알림음이 울렸다. 리카르도의 우버 앱에는 목적지까지의 이동 경로가 상세히 뜬다. 출근 시간대에 2.5마일(4km) 떨어진 목적지까지 가는 데만 22분이 걸렸다. 승객이 내리자 리카르도의 우버 앱에 운행 수익이 나타났다. 5달러 4센트. 우버가 플랫폼을 제공하는 대가로 떼어가는 수수료(service fee) 28%를 제외한 금액이다.

우버는 IT 기술을 통해 공유 경제의 이익을 공유하겠다고 공언했지만 최근 들어 기사들에게 걷는 수수료를 크게 높였다. LA 지역에서 우버 기사가 운행 수익으로 100달러를 벌면 그중 28달러를 우버 앱 사용료로 내야 한다. 즉 우버 기사는 우버 회사에 소속된 '노동자'가 아닌 우버가 개발한 기술을 사용하는 '소비자'로서 사용료를 28%씩이나 지불하는 것이다.

뿐만 아니라 최근 들어 우버와 리프트(우버와 비슷한 승차 공유 플랫폼 기업)에서 기사 모집을 늘리면서 공유 차량 서비스 시장은 거의 포화 상태에 이르렀다. LA 지역 우버 기사 수만 해도 10만 명에 달한다. 경쟁이 치열해지면서 우버의 거리당 운행 요금도 크게 낮아졌다. 불과 4년 전까지만 해도 LA 지역에서 2.5마일(4km)을 운행하면 30달러(한화 약 3만 원)까지 벌 수 있었지만, 지금은 고작 5~6달러 수준이다. LA 지역 버스와 지하철 요금과 비교해 봐도 큰 차이가 없다. 반면 우버 기사들이 부담해야 하는 주유비와 보험료 등은 해마다 오르고 있다. 리카르도의 고민이 깊어지는 이유다.

누군가는 부업으로 우버 기사로 등록하지만, 리카르도는 우버에 생계가 달린 전업 기사다. 이제 그는 하루 평균 14시간, 주당 80~100시간을 일해야만 한다. 30~40시간만 일해도 생계를 유지할 수 있었던 몇 년 전에 비하면 삶의 질이 크게 떨어졌다. 얼마 전 '우버 블랙' 등급의 고급 캐딜락 차량에 투자했지만 리카르도의 한 달 수입은 여전히 4,000달러(한화 약 440만 원)가 되지 않는다. '누구나 안락한 중산층이 될 수 있다!' 플랫폼 기업이 약속한 아메리칸 드림은 신기루였고, 우버 기사들은 훨씬 더 적은 수입을 얻지만 훨씬 더 많은 시간을 길 위에서 보내고 있다.

💬 우버 기사의 자격

캐딜락 차량이 LA 시내 한 고급 호텔 입구에 멈춰 섰다. 리카르도는 이곳에 오면 항상 콜을 기다리는 자리가 있다. 호텔 정문에서 직선거리로 가장 가까운 위치다. 우버의 콜 배정 시스템은 위치 기반으로 알려진 만큼 호텔에서 가까울수록 콜이 먼저 뜰 가능성이 높아진다. 다른 우버 기사들도 콜을 배정받기 위한 최적의 장소를 알기 때문에 가끔 "내가 먼저 왔다."며 자리다툼을 벌이기도 한다. 다행히 오늘은 리카르도가 호텔에서 가장 좋은 자리를 차지했다.

리카르도가 우버 앱을 다시 켰다. 그의 프로필에는 '스페인어, 영어 가능'이라는 설명과 함께 별점 4.91점이 표시돼 있다. 우버 기사에게 별점은 승객과 기사의 직선거리만큼이나 중요하다. 만약 같은 호텔 앞에 여러 명의 기사가 대기 중이라면 별점이 높은 기사가 콜을 먼저 받기 때문이다. 운 좋게 별점이 낮은 기사가 콜을 배정받더라도 승객들이 낮은 별점을 보고 취소하는 경우가 많으므로 별점은 우버 기사에게 가장 중요한 평가 요소다.

우버의 별점 시스템은 배정 순서에만 영향을 주는 게 아니다. 별점이 떨어지면 우버 기사의 자격까지 정지될 수 있다.

"만약 승객이 5점 이하의 별점을 주면 이 기사를 해고하라는 말과 같아요. 4.59점까지 별점이 떨어지면 우버 기사는 계정을 박탈당하고 말죠."

실제 과거 우버는 기사의 별점이 4.6점 이하, 콜 수락률 80~90% 이하, 콜 수락 후 취소율이 5% 이상일 경우 기사의 계정을 정지시켰다. 사실상 해고 처분을 내린 셈이다. 별점 4.6 점. 우버 기사들은 별점 커트라인을 통과하기 위해서 오늘도 회사가 제시한 기준을 충실히 따른다.

호텔에서 우버 콜을 요청한 손님이 라카르도의 차에 올라 탔다. "좋은 하루입니다." 리카르도는 친절하면서도 짧은 인사를 건넨다. 6년 차 우버 기사인 그는 손님에게 별점을 잘 받기 위한 나름의 노하우가 있다. 일단 손님이 타면 "좋은 하루입니다."라고 인사를 건네고 "별일 없으신가요?"라고 물은 뒤 손님이 짧게 대답하면 이야기하고 싶지 않은 것으로 판단해 더 이상 말을 걸지 않는다. 반면 손님이 자신의 이야기를 덧붙여 길게 답하면 말동무가 돼서 기분을 맞추려고 노력한다. 이럴 경우 대부분의 손님은 5점 만점의 별점을 준다. 승객의 기분까지 세심하게 신경 써야 높은 별점을 유지할 수 있다.

승객에게 최선의 편의를 제공하는 것도 중요하다. 리카르도는 차량 뒷좌석에 항상 무료 생수병과 사탕을 비치한다. 그뿐 아니다. 일주일에 한 번씩 세차하고 3개월마다 차량 내부를 기계로 청소한다. 코로나19 팬데믹 이후로는 뒷좌석에 바이러스 살균 소독기도 큰 돈을 들여 장착했다. 우버 측으로부터 어떤 지시 사항도 받지 않았지만 손님에게 높은 별점을 받기 위해 스스로 서비스의 질을 올린 것이다.

일반적으로 기업들은 소비자에게 더 나은 품질의 서비스를 제공하기 위해 자본을 투자할 때 기대 실적을 바탕으로 비용을 철저히 계산한다. 반면 플랫폼 기업의 투자는 그와는 조금 결이 다르다. 플랫폼이 만들어 놓은 무한 경쟁의 정글에서 소비자에게 더 좋은 서비스를 제공하기 위해 투자하는 주체는 플랫폼 기업이 아닌 플랫폼 노동자다. 기업이 내세운 '자율성'이라는 슬로건은 달콤하지만, 실상은 위험 요소와 경쟁 요소를 모두 개인에게 떠맡기는 격이다. 우버 기사들은 '누가 시키지 않아도' 자발적으로 차량을 '최고 수준'으로 관리한다. 리카르도의 우버 프로필에는 승객들이 남긴 별점과 리뷰가 남아 있다.

∎Ⅰ 09:30　　　★ ★ ★ ★ ★　　　▭

"감사해요. 리카르도."
"편안한 탑승이었습니다."
"알칼리 생수를 제공해 줘서 고마워요."

리카르도의 차량이 목적지에 도착했다. "오늘도 좋은 하루 보내세요." 차에서 내리는 손님에게 정중히 인사했다. 이렇게 6.7마일(10km)을 달려 손에 쥔 돈은 고작 6달러(한화 약 6,000 원). 기름값과 한 달에 200달러에 달하는 차량 보험료까지 생각하면 턱없이 낮은 요금이다. 이럴 때 위안이 되는 건 손님이 남긴 별점이다. 얼마 전 탑승한 손님이 차량 방향제 냄새가 마음에 들지 않는다며 별점 3점을 주는 바람에 평균 별점이 떨어진 상태였다. 모든 손님의 방향제 취향까지 고려할 수 없는 노릇이지만 이런 부당한 이유 때문에 종종 낮은 별점 평가를 받기도 한다. 예측할 수 없는 손님의 취향과 기분을 만족시키기 위해 지불해야 할 투자 비용은 점점 많아질 수밖에 없다. 리카르도가 이렇게까지 하는 이유는 별점이 그의 생계를 결정하는 척도이기 때문이다. 별점이 4.6점에 가까워질수록 그는 승객들 눈치를 보고 과잉 친절을 베푸는 감정 노동자가 될 수밖에 없다.

개미지옥 늪에 빠진 우버 기사

리카르도는 이민 2세대다. 멕시코 출신인 아버지는 1950년대 미국 위스콘신 주로 이민을 왔다. 당시 위스콘신 지역은 자동차 산업으로 유명했는데, 리카르도의 아버지는 자동차 공장에서 노동자로 일한 덕에 다른 이민자들보다 빨리 자리를 잡았다. 그렇게 열심히 노력한 지 몇 년 뒤 아버지는 조그만 트럭 물류 회사도 운영했다. 말 그대로 중산층의 꿈, 아메리칸 드림을 이룬 셈이다. 아버지 덕분에 리카르도 역시 부족하지 않은 환경에서 자랐다. 20대에 소프트웨어 엔지니어링 석사 과정을 마치고 번듯한 IT 회사에 취직도 했다. 리카르도의 삶이 180도 달라진 건 2015년 어느 날 페이스북에서 우버 기사 모집 광고를 우연히 접한 뒤였다.

"교대 근무 없음. 상사 없음. 제약 없음."

우버 기사가 되면 자유의 몸, 즉 새로운 사업가가 될 수 있다는 내용이었다. 시간당 30달러 수익 보장, 열심히만 하면 연간 9만 달러 넘는 수입을 올릴 수 있다는 것도 솔깃했다. 리카르도는 하루 8시간 이상 컴퓨터 앞에 앉아서 일하는 것이 지루했던 차에 호기심으로 우버 기사에 지원했다. 과정은 생각보다 간단했다. 우선 핸드폰에 우버 기사 앱을 설치한 뒤 차량을 우버가 지정한 지역 정비소에서 점검받고, 일주일의 신원조회 기간을 거치면 운행을 시작할 수 있었다. 우버 기사가 되는 데 있어 진입 장벽 같은 건 사실상 없었다.

처음에는 부업 삼아 시작했다. 리카르도는 퇴근 후나 주말 동안에만 우버 기사로 일했다. 평소 본인의 승용차인 닛산 차량(우버 X 등급)과 핸드폰만 있으면 언제 어디서나 일할 수 있었다. 그리고 우버 회사가 약속한 것처럼 시간당 30달러의 수입도 생겼다. 열심히만 하면 연간 1만 달러 수입도 가능해 보였다. 결국 리카르도는 2주간 회사에 휴가를 내고 본격적으로 전일제 우버 기사 생활에 뛰어들었다. 기존 직장 월급보다 30%나 많은 수입이 통장에 들어왔다. 2015년 3월 리카르도는 직장에 사직서를 제출하고 전업 우버 기사가 됐다.

그때만 해도 그는 아버지가 그랬던 것처럼 또 다른 아메리칸 드림을 꿈꾸었다. 처음 1년 동안은 연간 1만 달러 가까운 수입도 올렸다. 비록 근속 기간에 따른 급여 인상 기회도 승진 기회도 없었지만, 우버가 약속한 대로 꽤 괜찮은 '사업가'가 됐다고 생각했다. 이 시기에 그는 리프트(우버와 비슷한 승차 공유 플랫폼 회사) 홍보 대사로도 활동했다. 새로운 기사를 추천하면 200달러의 보너스가 지급되는데 그는 2015년 한 해 동안 약 100명의 사람을 승차 공유 기사로 추천했다. 그 중에는 마땅한 직업을 찾지 못해 방황하던 본인의 아들 리카르도 주니어도 있었다. 리카르도의 아들 역시 같은 길을 걷게 됐다. 그때는 정말 괜찮은 일자리라고 생각했었다.

그런데 시간이 지날수록 점차 상황이 달라지기 시작했다. LA 지역에서는 우버 고정 가격제도가 시행됐다. LA 공항에서 시내까지 우버 요금이 80달러로 고정된 것이다. 이용 시간대와 차량 정체 여부 등에 따라 차등 적용되던 요금이 일률적으로 고정되면서 우버 기사의 수입은 예전보다 크게 줄어들었다. 심지어 고정 가격 제도가 시행된 지 얼마 지나지 않아 이용 요금까지 급락했다. 마일당 2.5달러였던 운행 요금이 60센트까지 떨어졌다. 우버 기사들의 평균 수입은 시간당 10달러 수준으로 급락했다. 기름값과 차량 유지비를 고려하면 시간당 8.5달러까지 떨어지는데, 이는 미국 캘리포니아 주 최저 임금(시간당 14달러, 2021년)에도 크게 미치지 못한다. 상황이 이런데도 우버 측은 기사들에게 차량 업그레이드를 요구했다. 일정 등급 이하의 차량으로는 우버 기사로 활동하지 못하도록 해놓고 정작 회사는 차량 업그레이드 비용을 전혀 지원하지 않았다. 모든 비용은 고스란히 아메리칸 드림을 꿈꾸는 플랫폼 노동자들의 몫이었다.

리카르도는 우버 기사 시스템이 한 번 발을 들이면 빠져나가기 힘든 '개미지옥'과 같다고 말한다. 미국의 채용 시스템에서 가장 중요한 것은 지원자의 경력이다. 그런데 우버 기사는 제대로 된 경력으로 인정받기 힘들다. 우버 기업의 광고처럼 차량과 핸드폰만 있으면 누구나 할 수 있는 일은 다시 말해 누구도 인정하지 않는 '커리어'와 같다는 말이다. 은행에서도 우버 기사는 노동자로 인정하지 않는다. 당연히 신용도는 낮고 대출도 어렵다. 리카르도 역시 마찬가지다. 지난 6년간의 우버 기사 경력을 내세워서 재취업할 수 있는 직장은 어디에도 없다.

리카르도가 캐딜락 차량의 트렁크를 열었다. 그 안에는 리프트 홍보 대사로 활동할 당시 사용했던 홍보 용품들이 쌓여 있다. 승차 공유 플랫폼 기업의 밝은 비전이 새겨진 팸플릿과 반짝이는 회사 로고가 박힌 티셔츠와 모자들이다. 그때 그들이 약속한 장밋빛 미래를 리카르도는 더이상 믿지 않는다.

💬 4차 산업혁명 시대의 새로운 노숙자

LA 국제공항은 미국 서부 지역 최대의 공항으로 꼽힌다. 이곳에는 4차 산업혁명이 만들어 낸 수백 명의 플랫폼 노동자들이 손에서 핸드폰을 놓지 못한 채 24시간 무한 기다림을 반복하며 살고 있다. 바로 우버와 리프트 기사들이다.

LA 국제공항에서 1km 정도 떨어진 곳에는 특별한 주차장이 있다. 간이 화장실과 세면대, 심지어 푸드 트럭까지 갖춘 우버, 리프트 기사 수백 명이 대기하는 공간이다. 이곳의 모든 기사는 24시간 핸드폰을 손에서 놓지 못한다. 언제 배정될지 모르는 승차 콜을 놓치지 않기 위해서다. 화장실을 가거나, 차 안에서 휴식을 취하거나, 푸드 트럭에서 밥을 먹을 때도 핸드폰에서 눈을 떼지 못한다. 심지어 핸드폰을 쥔 채 주차장에서 운동을 하는 사람도 있다.

3년 차 리프트(Lyft, 승차 공유 플랫폼) 운전 기사인 알바로도 2시간째 이곳에서 대기하고 있다. 수백 명의 별점 경쟁자들이 주변에 있지만 장거리 승객이 많은 공항에서 대기하는 편이 수입 면에서 그나마 낫기 때문이다. 알바로가 리프트 앱을 켜자 160명의 기사가 이미 콜을 대기 중이라는 메시지가 뜬다.

"in airport queue, 160 drivers ahead of you(공항 안에 160명의 기사가 이미 대기 중입니다.)"

오랜 기다림 뒤 마침내 승차 콜이 떴다. 리프트 콜은 승객의 목적지가 정확하게 표시되지 않았다. 만약 장거리 운행이 아니면 지금까지 기다린 노력이 수포로 돌아간다. 알바로가 잠시 머뭇거리자 리프트 앱 '수락(Accept)' 버튼 밑에 표시된 시

간이 점점 줄어든다. 10초 안에 수락 버튼을 누르지 않으면 콜
은 다른 기사에게 넘어간다. 고민하는 사이 10초의 수락 가능
시간이 지났다. 알바로의 리프트 앱에는 공항 대기 순서가 80번
째에서 134번째로 밀려났다는 알림 메시지가 뜬다. 다시 콜을
잡으려면 2시간 가까이 공항에서 다시 기다려야 한다.

  알바로는 공항에서 대기하는 기사들이 마치 체스판 위에 놓
인 말과 같다고 말한다. 리프트, 우버 같은 승차 공유 플랫폼
기업들이 체스 게임의 규칙, 즉 알고리즘을 만들고 기사들은
그에 따라 움직인다는 것이다. 우버와 리프트의 알고리즘은
플랫폼 기업의 수익 창출을 위해 완벽하게 설계되어 있다. 승
객 수요가 특정 지역에 몰리면 우버는 프로모션(정해진 요금보다
더 많은 요금을 지급하는 제도) 등을 제시하며 LA 지역 10만 명의
기사들을 수요가 높은 지역으로 몰아넣는다. 이 가운데 9만 명
의 기사는 승객을 태울 수 없다는 사실에는 무관심하다. 기업
은 1만 명의 승객을 태운 기사들이 내는 수수료를 통해 이윤
을 그대화한다.

  체스판 위에서 낙오한 기사들은 결국 4차 산업혁명이 만든
새로운 노숙자로 전락하고 있다. 실제 우버 기사 커뮤니티 우
버 피플 포럼(http://uberpeople.net)에는 소변을 해결할 화장실
위치를 묻는 글이 많다. 기사들은 대체로 구글 지도를 통해 가

까운 패스트푸드점을 찾는다는 답변을 올리지만 그중에는 성
인용 기저귀를 찬다거나 여의치 않을 때는 페트병에 볼일을
본다는 답변과 소변통 인증 사진을 올리는 이도 있다. 심지어
5달러를 벌기 위해 승차콜을 3시간 가까이 기다리는 일을 반
복하다 보니 신경안정제까지 복용하게 됐다는 글도 심심치 않
게 올라온다.

반면 체스판을 설계한 플랫폼 기업은 해마다 눈부신 성장
을 거듭하고 있다. 2009년 창업한 우버는 2019년 뉴욕 증시
상장 당시 1200억 달러(135조 원)의 가치가 있는 것으로 평가
받으며 단숨에 100년 기업 GM과 포드를 뛰어넘었다. 우버 기
사들의 시간당 수입이 캘리포니아주 최저 임금에도 못 미치
는 8.5달러(메사추세츠 공과 대학교, 2018)인 것과는 사뭇 다른 결
과다.

세상에 존재하지 않던 '일자리'를 창조한 플랫폼 기업은 혁
신이라는 이름이 창출하는 이윤에만 집중하고 있다. 그러다
보니 그 일자리의 혁신은 노동자의 인권과는 정반대의 방향으
로 진행되고 있다. 업무의 불확실성은 점점 높아지고, 노동자
들의 삶의 질은 상상할 수 없는 만큼 열악해졌다.

불평등한 상황은 절대 지속 가능하지 않다. 첨단 기술과 열
악한 노동자 사이에는 균열이 생길 수밖에 없다. 우버 창업자

트래비스 캘러닉이 승차한 우버 차량에서 그를 알아본 우버 기사와 말다툼을 벌였는데 이 장면은 차량 블랙박스에 고스란히 녹화돼 유튜브에 공개됐고 수많은 사람들의 공분을 샀다.

"당신 때문에 빈털터리가 됐어요. 계속 (요금을) 바꾸잖아요"
"잠깐만요. 뭘 바꿨다는 거예요?"
"1마일 당 20달러(한화 약 2만 4,000원)로 시작했는데 지금은 얼마죠? 2.75달러(약 3,300원)죠?"
"어떤 사람들은 그게 자기 잘못인 걸 몰라요. 늘 남 탓만 하죠. 행운을 빌어요."

우버 블랙 등급 차량을 구매하기 위해 9만 7천 달러를 투자했는데 시간이 갈수록 우버 운행 요금이 낮아져 큰 손해를 봤다고 하소연했지만 우버 창업자는 딱 잘라 말했다. "우버 요금 정책 변화에 따른 결과는 기사들이 책임져야 한다. 요금이 낮아지면 일하는 시간을 늘리면 된다."

플랫폼 기업은 눈부시게 성장했지만 노동자는 더욱더 가난해졌다. 우버가 만들어 낸 알고리즘 기술이 노동자의 삶을 전혀 예상치 못한 방향으로 변하게 만들었음을 보여준다. 심지어 우버의 알고리즘은 우버 기사를 '고용된 노동자'가 아닌 우버 앱을 사용하는 이용자 즉, '개인사업자' 신분으로 바꿨다. 이에 따라 기업은 주휴 수당, 건강 보험, 실업 수당 등의 비용을 절감할 수 있었고, 알고리즘의 별점과 리뷰 시스템을 통해 우버 기사들을 원하는 방향으로 통제하게 됐다.

플랫폼 기업은 이윤을 극대화하는 방향으로 알고리즘 체계를 점차 바꾸었다. 일명 '박리다매'로 건당 운행 요금을 낮추는 대신 우버 이용자를 크게 늘리는 방식으로 최대의 이윤을 창출하는 것이다. 이를 위해 최근에는 우버 기사 수도 크게 늘려야만 했다. 이런 알고리즘 방식이 기사들을 저임금 장시간 노동 환경으로 내몰지만 이는 전혀 고려 대상이 아니었다. 결국 우버 기사들에게 아메리칸 드림은 불가능한 현실이 되고 말았다. 하지만 우버 창업자는 더 열심히 운행하지 않은 '게으른' 기사를 탓한다.

우버의 뉴욕 증시 상장을 앞둔 2019년 5월, 전 세계에서 시위가 일어났다. 미국, 프랑스, 러시아, 케냐를 비롯해 세계 곳곳의 우버 기사들이 우버 앱 삭제 캠페인을 펼치며 '공정한 요금'을 요구했다. 더불어 우버 기사들은 자신들은 '개인사업자가 아닌 우버에 고용된 직원'이라며 소송을 제기했다. 이런 가운데 수많은 플랫폼 기업이 탄생한 미국 캘리포니아 주에서는 의미 있는 법안이 발의됐다. 바로 특별한 사정이 인정되지 않는 한 플랫폼 노동자를 직접 고용한 '직원'으로 인정해야 하는 AB5 법안이다. 즉 회사의 지휘·통제로부터 자유롭고, 그 회사의 통상적인 비즈니스 이외 업무를 해야 하며, 스스로 독립적인 고객층이 있어야 한다는 세 가지 조건을 모두 충족하지 않으면 개인사업자가 아닌 고용된 직원으로 분류해야 한다는 것이다.

하지만 AB5 법안은 2020년 1월 시행되기 직전 난관에 부딪혔다. 우버와 포스트 메이츠 등 플랫폼 기업들이 해당 법안에 대한 위헌 소송을 제기하고 천문학적인 비용을 들여 법안 통과를 막는 로비를 펼친 것이다. 그 결과 지난 2020년 11월 운전, 배달 기사를 개인사업자로 간주하는 주민발의 22호(Proposition 22)가 캘리포니아주 의회를 통과하면서 우버와 리프트는 AB5 법안을 피해갈 수 있었다.

우버는 여전히 전 세계 390만 명의 우버 기사들을 노동자로 인정하지 않고 있다.

대를 잇는 딜레마, 플랫폼 노동의 함정

"플랫폼 기업은 당연히 돈을 많이 벌만 해요. 아이디어를 내고 밑바닥에서 시작해 회사를 지금의 위치에 오르게 했으니까

요. 하지만 우버와 리프트 같은 플랫폼 기업이 수십억 달러를
벌면서 기사들을 굶주리게 하고 노숙자 신세로 만드는 건 옳
지 않아요."

리카르도가 가장 후회하는 것은 아들에게 플랫폼 일자리를
권한 것이다. 물론 그때는 승차 공유 기사의 수입이 괜찮은 편
이었고, 누구나 열심히만 하면 잘 살 수 있다는 믿음이 있던
시기였다. 아들은 당시 고등학교를 졸업한 뒤 마땅한 일자리
를 찾지 못해 방황하고 있었다. 그렇다 해도 만일 시간을 되돌
릴 수 있다면 아들에게 플랫폼 노동을 결단코 권하지 않았을
것이다.

밤 11시, 리카르도의 아들 리카르도 주니어가 월마트 주차
장에 차를 세운다. 영업 시간이 끝난 마트 주차장은 그에게 집
이나 마찬가지다. 오늘은 일을 일찍 마쳐서 잠시 쉬려고 하는
데 갑자기 핸드폰 알람이 울린다.

"<리프트(Lyft) 알람> 승차 콜을 많이 놓치고 있습니다. 콜을 수락하거
나 쉬고 싶을 때는 리프트 앱에서 로그아웃하세요."

승차 공유 플랫폼 리프트는 알고리즘을 통해 기사의 차량이

운행 중인지 여부를 확인할 수 있다. 만약 차량의 운행이 감지되지 않으면 일을 하도록 재촉하는 메시지를 보낸다. 리카르도 주니어가 서둘러 앱을 종료했다. 차 안에서 이불을 펴고 잠을 청한다. 그는 아버지처럼 차량 공유 플랫폼(리프트) 일을 하는 1년 차 플랫폼 노동자다. 결혼도 하고 두 살배기 아들도 있지만 경제적 사정 때문에 혼자 차량에서 노숙한다. 아내와 아들은 처가에 살고 있다. 가족과 떨어져 차량에서 노숙한 지 어느덧 45일째다.

리카르도 주니어는 원래 맥도날드에서 파트타임으로 일했다. 그때는 시간당 15달러로 최저 임금 정도는 벌었다. 하지만 아들이 태어나면서 상황이 달라졌다. 아이 분유 값부터 기저귀 값까지 생각보다 돈 들어갈 데가 많았다. 돈을 벌려면 더 좋은 일자리를 찾아야 했고, 그때 아버지가 추천한 게 리프트 기사였다. 열심히 일한 만큼 돈을 벌 수 있다는 사실에 끌려 덜컥 리프트용 차량을 구매했다. 하지만 현실은 달랐다. 마일당 운행 수수료는 갈수록 낮아져서 일하는 시간이 늘어도 수입에는 한계가 있었다. 결국 집 임대 비용까지 감당하기 힘들어져서 아내와 아들은 처가에서, 리카르도 주니어는 차량에서 지내기로 했다. 플랫폼 기업이 약속했던 아메리칸 드림은 신기루였고, 4차 산업혁명이 만든 새로운 노숙자 신세로 전락하고 말았다.

그는 토요일에만 아내와 아들을 만난다. 하지만 이날도 온전히 쉴 수는 없다. 돈을 벌어야 하루라도 빨리 함께 살 집을 마련할 수 있으니까. 평일과 달리 주말에는 포스트 메이츠(우리나라 '배달의 민족'과 비슷하다.) 음식 배달 일을 한다. 리프트(Lyft)와 달리 포스트 메이츠는 차를 운전하며 가족과 함께 배달할 수 있기 때문이다. 그에게는 이 순간이 일주일 중 유일하게 가족과 함께하는 시간이다.

"같이 있어서 좋다. 어제 많이 보고 싶었어."
"어제도 밤새워 일했어?"
"응. 밤새워 일했어."

부부가 짧은 대화를 마치기도 전에 음식 배달 콜이 들어왔다. 중국식 프랜차이즈 '판다 익스프레스'의 배달 주문이다. 컹파우 치킨, 오렌지 치킨, 차오메인, 달콤한 프라이드치킨⋯. 이렇게 많은 음식을 배달해도 손에 쥐는 수수료는 고작 4달러(한화 약 4,000원). 너무나 낮은 수입이지만 가족과 함께할 시간을 조금이라도 앞당길 수 있다는 사실에 위안을 삼을 뿐이다.

"가족을 경제적으로 지원하고 함께 시간도 보냈으면 합니다. 저는 일할 때마다 어떻게 하면 가족과 충분한 시간을 보낼지, 충분한 돈을 벌 수 있을지 생각해요."

리카르도 주니어의 소망은 하루 빨리 가족과 함께 사는 것이다. 그러려면 함께 살 집을 마련할 돈을 모아야 한다. 하지만 그가 처음 일을 시작했을 때보다 미국 플랫폼 노동자들의 처우는 더 열악해졌고 가족이 함께 살 시간도 멀어지고 있다. 리카르도 주니어는 불안한 마음을 안고 오늘도 도로 위를 쉬지 않고 달린다.

파이어(FIRE) 운동이 팬데믹을 만났을 때

인스타카트 잭 시티

🎞️ 내 꿈은 백만장자

스물일곱 살의 잭 시티는 〈몽상가 잭〉이라는 블로그를 운영하며 경제적 독립을 위한 자신의 일거수일투족을 기록하고 있다. 그의 블로그는 2030세대 사이에서 인기다. 서른다섯 살에 은퇴하겠다는 목표를 이루기 위해 노력하는 그의 일상과 노하우가 담겨 있기 때문이다.

잭은 태국의 한 가난한 마을에서 태어났다. 판잣집이 즐비한 빈민가에 살았지만 잭의 부모는 그 누구보다 열심히 일했다. 집안 형편이 어려웠던 아버지는 14세 때부터 자동차 정비소에서 일해 마흔 살 무렵에는 정비사로서 능력을 인정받았다. 돈을 많이 벌기 시작한 것도 이때쯤이었다. 당시 태국에서 부동산 붐이 일면서 평범한 중산층 사람들이 경쟁하듯 부동산에 투자했고 투기가 성행했다. 잭의 아버지 역시 그런 흐름에 몸을 실었다. 그동안 자신이 열심히 번 돈뿐만 아니라 은행에서 거액을 대출까지 받아 수백만 달러를 투자했다. 하지만 1990년대 말 꺼질 줄 모르고 승승장구하던 부동산 거품은 꺼지고 말았다. 잭의 아버지는 하루아침에 수백만 달러를 잃고 엄청난 빚까지 진 채 빈털터리가 됐다. 결국 잭의 가족은 미국행을 택했다. 그렇게 가족이 새로운 삶을 시작한 건 잭이 여섯 살 때 일이었다.

잭의 부모는 미국 코네티컷주의 빈민가에 정착했다. 불법체류자로 할 수 있는 일이라면 닥치는 대로 했다. 잭의 기억에 부모님은 언제나 바빴는데 짧게는 며칠, 길게는 몇 주 동안 얼굴을 보지 못하는 날도 허다했다. 잭은 어린 시절부터 부모의 고생을 마음 아프게 지켜봤다. 그리고 경제적 어려움이 얼마나 무서운지 몸소 체감했다. 어느샌가 잭은 부모님처럼 살고 싶지 않다는 생각이 확고해졌다. 그렇다고 엇나간 것은 아니다. 잭의 부모가 고생해서 번 돈을 모두 아들을 위해 쓴 덕분에 잭은 고등학교 때까지 자신이 좋아하는 골프를 배우고, 프로 골퍼의 꿈을 키우는 골프 꿈나무였다. 각종 골프 대회에서 늘 상위권에 랭크됐다. 한 가지 안타까운 것은 단 한 번도 1등을 하지 못했다는 것이다. 결국 잭은 대학 입시를 앞둔 시점에 골프를 포기하고 의대 진학을 결심했다. 의대생이 되어서도 잭은 부모님의 기대에 부응하며 착실하게 성장했다.

잭이 순탄하게 의사의 길을 걷는 것이 정해진 수순이었다. 하지만 잭이 졸업 후 진로를 고민할 때, 환갑을 앞두고도 여전히 치열하게 일하는 부모의 모습이 눈에 들어왔다. 그의 기억에 부모님은 언제나 일을 하고 있었다. 환갑이 되어도, 사회적으로 정년이라고 이야기하는 65세가 되어도, 부모님은 지금처럼 일을 하고 있을 거라고 생각하자 마음 한구석이 답답해졌다.

잭의 부모는 미국에 이민 온 뒤 제대로 된 여행을 간 적이 손에 꼽을 만큼 드물다. 낯선 땅에서 그저 열심히 돈을 벌고 자식 뒷바라지하는 것이 최우선이었다. 인생을 즐겨야 한다는 생각조차 할 여유도 없었다. 그가 가장 서글픈 건 부모가 앞으로도 인생을 즐기며 시간을 보낼 확률이 매우 희박하다는 것이었다. 요즘 밀레니얼 세대 사이에서 인생은 단 한 번뿐이라는 '욜로(YOLO, You Only Live Once)의 삶'이 화두다. 하지만 잭은 안다. 그런 삶은 그의 부모가 지금도, 앞으로도 결코 경험하지 못할 삶이라는 것을.

잭은 늘 돈 때문에 스트레스 받는 부모를 지켜봐야 했다. 그들은 버릇처럼 "내가 성공하면…", "지금보다 돈을 더 많이 벌면…" 등을 꿈꿨지만 그 꿈은 환갑을 앞둔 지금까지도 이뤄지지 않았고 몇몇 꿈은 거의 사라졌다. 이런 부모의 고생을 보고 자란 잭은 여생을 일만 하면서 살고 싶지 않았고, 마침내 30대에 백만장자가 되겠다는 꿈을 꾸게 됐다.

💬 잭이 의사가 되길 포기한 이유

의대 재학 시절, 그는 자신의 미래를 크게 두 가지 모습으로 생각했다. 하나는 남들이 부러워할 만한 의사가 되는 창창한 미래였다. 하지만 의사로 일하면서 갚아야 할 학자금 대출을 무시할 수 없었는데, 한동안은 버는 족족 학자금 대출을 갚아야 했다. 잭 입장에서 이러한 삶은 평생 다람쥐 쳇바퀴 돌듯 사는 삶과 다름없었다.

다른 하나는 30~40대에 경제적 독립을 이뤄 조기 은퇴하는 것이다. 스무 살 무렵 잭은 책장에 꽂혀 있던 책 한 권을 보았다. 바로 로버트 기요사키가 쓴 《부자 아빠의 젊어서 은퇴하기》로, 47세에 부자로 은퇴하기까지의 과정을 담았다. 저자는 젊었을 때 부자로 은퇴해 좀 더 자유로운 시간을 갖고 새로운 중년의 삶을 시작하라고 조언했다. 먼지가 뽀얗게 쌓인 이 낡은 책 한 권이 잭의 인생 목표를 완전히 바꾸어 놓았다. 잭은 부모처럼 65세까지 일하면서 인생을 즐길 자금도 없이 사는 미래를 원치 않았다.

최근 뉴욕에서는 잭과 같은 생각을 가진 사람들이 늘고 있다. 이를 가리켜 '파이어 운동(Financial Independence Retire Early)'이라고 한다. 그들의 목표는 40세 안팎에 경제적 독립을 이뤄 조기에 은퇴하는 것이다. 일반적으로 사람들은 65세에 은퇴하기까지 일한 수입의 10~15%를 저축한다. 65세까지 일하고, 80세까지 산다고 해보자. 일하지 않고, 인생을 즐길 수 있는 시간은 15년 남짓이다. 하지만 나이가 들면 인생을 즐기기에 여러 가지 제약이 많다. 노쇠한 몸과 정신으로는 온전한 자유를 누리기 어렵기 때문이다. 그래서 잭은 수입의 50~80%를 저축하고 30~35세 은퇴하는 파이어 운동을 삶의 목표로 삼았다.

앞으로 약 8년 뒤인 서른다섯 살까지 100만 달러(한화 약 12억 원)를 모으는 것이 목표다. 그렇다면 100만 달러를 모은 다음에는? 더 빨리 은퇴한 만큼 청춘을 즐기는 것이 목표다. 상상만 해도 꿈같은 이야기다. 과연 이게 실현 가능한 일일까.

실제로 파이어 운동을 실현한 사람이 있다. 《파이낸셜 프리덤》의 저자인 그랜트 사바티어는 스물네 살에 파이어 운동을 시작해 20대 내내 일만 했다. 주로 온라인 마케팅이나 광고 업무로 돈을 벌었지만 그가 정말로 원했던 일은 아니었다. 하지만 생각보다 많은 돈은 벌 수 있었고 결국 5년 만에 목표로 한 100만 달러를 모으는 데 성공했다. 스물아홉 살에 경제적인 독립을 이룬 그는 서른 살에 부모님으로부터 독립했다. 그가 파이어 운동에 성공할 수 있었던 비결은 무엇일까? 그는 '온라인' 덕분이었다고 말한다.

"지금처럼 돈 벌기 쉬웠던 적이 없어요. 노트북만 있으면 언제 어디서든 돈을 벌 수 있으니까요. 저는 온라인을 접하며 자라서 온라인으로 이익을 얻는 데 익숙해요. 실제로 저는 온라인으로 모든 돈을 벌었어요. 그리고 누구나 이런 기회를 잡을 수 있어요."

– 그랜트 사바티어(《파이낸셜 프리덤》 저자)

그랜트 사바티어가 이룬 100만 달러의 꿈은 잭에게 큰 영감을 줬다. 잭은 의대를 졸업한 뒤 의사가 되는 대신 자신의 전 재산을 투자해 태국 음식점을 차렸다. 누군가는 의사가 되는 것이 더 나은 삶이 아니냐고 생각할지도 모르겠다. 잭 역시 그런 고민을 하지 않았던 것은 아니다. 하지만 잭은 평생을 '빚'지고 '빚'을 갚는 쳇바퀴 도는 삶을 사는 것보다 파이어 운동이 더 가치 있다고 생각했다. 이것이 잭이 의사 되기를 포기하고 파이어 운동에 도전한 이유다.

💬 35세까지 100만 달러를 버는 방법

잭은 스물한 살부터 스물일곱 살이 된 지금까지 6년째 파이어 운동에 도전하며, 자신이 일하면서 번 돈의 절반 이상을 꾸준히 저축하고 있다. 잭의 목표대로 35세에 은퇴하면 최소 30~40년은 일하지 않고 삶을 더 즐길 수 있다.

목표가 파이어 운동이다 보니 의사 대신 태국 음식점을 운영하는 것이 훨씬 합리적이었다. 태국 음식점 운영이 좀 더 고정적인 고수익을 낼 수 있다는 결론에 이르렀기 때문이다. 입주 조건부터 메뉴 개발 등을 착실하게 준비한 덕분에, 잭의 태국 음식점은 늘 많은 손님들로 붐빈다. 뉴욕에서 흔하지 않은 태국 음식점이라는 것이 하나의 경쟁력이 됐고, 다양한 인종과 연령층을 사로잡는 음식 맛도 한몫했다. 입소문이 난 데다 잭의 활발한 블로그 활동도 가게 홍보에 큰 도움이 됐다.

뿐만 아니라 잭은 가게 일을 하는 틈틈이 다양한 부수입을 얻기 위해 노력했다. 잭은 손님이 없는 시간에는 노트북 앞에서 다른 일을 했는데, 단순히 쉬는 시간이 생겨서 노는 것이 아니었다. 여러 플랫폼을 통해 자신이 할 수 있는 새로운 일자리를 찾아다녔다. 특히 블로그 관리도 중요하다. 잭의 주요한 부수입원은 블로그를 통해 얻는 광고 수익이기 때문이다. 이렇게 여러 가지 부업으로 번 돈은 온전히 저축했는데 그저 은행에 넣어만 두는 것이 아니라 부동산, 주식, 채권 등 투자도 공격적으로 한다. 주말에는 개를 산책시키는 도그 워커 아르바이트까지 하고 있다.

잭이 이렇게 열심히 일하는 데는 이유가 있다. 100만 달러 (한화 약 12억 원)를 벌려면 하루에 약 400달러(한화 약 47만 원)를 벌어야 한다는 계산이 나오기 때문이다. 일반 직장에서 월급을 받는다면, 파이어를 이루기까지 최소 10~20년은 걸린다. 잭이 목표한 서른다섯 살까지 100만 달러를 벌려면 N잡러가 되는 것은 필수 조건이다.

최근 파이어 운동 실현 가능성이 더 높아진 이유는 4차 산업혁명 때문이다. 인터넷과 기술의 발달로 다양한 노동이 플랫폼에서 거래되는 시대가 됐다. 이 때문에 N잡러라는 말이 생겼고, 파이어 운동을 하는 사람 대부분은 좋든 싫든 N잡러가 돼야만 하루 빨리 목표를 이룰 수 있다.

N잡러라고 해서 투잡, 쓰리잡 정도를 생각하면 안 된다. 미국에서는 10개 이상의 직업을 가진 사람들이 수두룩하다. 앞에서 언급한 그랜트 사바티어 역시 16개의 직업을 통해 돈을 벌었고 파이어 운동에 성공했다. 우버와 리프트 운전기사, 포스트 메이트 배달원, 전자 스쿠터 충전사, 도그 워커, 각종 블로그와 유튜브 활동 등 안 해 본 일이 없을 정도다. 그랜트 사바티어는 이렇게 말한다.

"밀레니얼 세대는 파이어 운동에 최적화된 세대다. 노트북과 인터넷만 있으면 언제 어디서든 소득을 발생시킬 수 있기 때문이다."

– 그랜트 사바티어(《파이낸셜 프리덤》 저자)

플랫폼 노동은 쉬는 시간이 없다. 주 52시간 노동 이야기가 나오는 시점에 24시간 일하는 건 플랫폼 노동에서만 가능하다. 또한 플랫폼은 '누구나' 도전할 수 있을 만큼 진입 장벽이 낮은 데다, 일한 만큼 돈벌 수 있는 구조이므로 파이어 운동을 하는 사람들에게 손쉽게 일을 구하고 돈을 버는 곳인 것이다.

💬 파이어 운동의 성공 공식 '미니멀리즘'

파이어 운동에 성공하고 싶은 잭의 열망은 강렬하다. 파이어 운동에 도전하면서 잭은 생활 습관을 완전히 바꿨는데, 4년 전부터 극단적인 미니멀리즘을 실천하고 있었다. 일단 지출을 최대한으로 줄였다. 집세를 줄이기 위해 부모님과 함께 살고, 태국 음식점을 운영하며 끼니는 모두 식당에서 해결한다. 이런 식으로 일주일에 단 100달러(12만 원)로 사는 것을 생활화하고 있다.

잭도 과거에는 남이 가진 건 다 사야 직성이 풀렸다. SNS의 이미지에 자신을 맞추려고 좋은 옷, 멋진 차에 목매던 때가 있었다. 하지만 어느 순간 소유가 자신을 기쁘지 않다는 것을 깨달았다. 그가 진정으로 원하는 삶은 더 많은 것을 소유하기보다 더 넓은 세상을 자유롭게 여행하는 것이다. 마음먹었을 때 언제든 바로 여행을 떠나려면 몸과 마음이 그가 가진 소유물에서 자유로워져야 한다는 생각이 들었다.

잭의 방은 단순함 그 자체인데 침대나 옷장 같은 가구가 없다. 침대 대신 소파로도 활용할 수 있는 매트를 쓰고 수납장이라고는 서랍장 하나뿐이다. 옷의 80%를 기부하고 남은 옷은 청바지 3벌, 셔츠 7벌, 2주일 치 속옷과 양말이 전부다. 일 년에 많아야 여름, 겨울 두 번 정도만 쇼핑을 하는데, 한 번도 쇼핑을 안 하는 해도 있다. 대학 시절 서재를 가득 채웠던 2천 권의 책들도 다 처분하고 지금 꼭 필요하다고 생각하는 5권만 갖고 있다. 이런 미니멀리즘을 실천하기까지 여러 시행착오가 있었다. 하지만 잭은 물건을 적게 소유하는 것이 파이어 운동의 지름길이라고 말한다.

사실 돈을 모으는 가장 정직한 방법은 절약이다. 그래서 파이어 운동에 도전하는 사람들은 대개 극단적인 절약을 실천한다. 비싼 화장지 대신 값싼 화장지를 산다. 새 옷은 거의 안 사고 사더라도 저렴한 옷만 산다. 양말에 구멍이 나면 꿰매 신는다. 값비싼 레스토랑에 가는 대신 제일 싼 음식을 사 먹는다. 한마디로 짠돌이처럼 산다. 하지만 잭이 이야기하는 미니멀리즘은 이런 무조건적인 절약을 의미하는 건 아니다.

"미니멀리즘은 공간에 필요한 것 대신 내게 기쁨을 주는 것을 소유하고, 그 외의 것은 소유하지 않는 거예요. 그런 식으로 내게 진정 기쁨을 주는 게 무엇인지 생각해 보면 정말 제한된 물건만 남죠."

미래를 준비하는 파이어 운동과 내일이 없는 것처럼 오늘만 사는 욜로(YOLO). 밀레니얼 세대가 추구하는 두 가지 삶의 방식은 달라도 너무 다른 듯이 보인다. 하지만 두 가지 삶의 방식이 추구하는 것은 같다. 잭은 자신이 추구하는 파이어 운동이 욜로에서 나왔다고 말한다. 그가 파이어 운동을 하는 것도 원하는 삶을 살기 위해서다. 정반대처럼 보이지만 둘 다 '원하는 삶'을 살겠다는 의지가 반영된 삶의 방식인 것이다. 잭은 집과 물질적 소유에 얽매이지 않는 극단적인 미니멀리즘을 실천하며 경제적 자립과 조기 은퇴라는 파이어 운동의 성공을 향해 오늘도 한 발짝 다가가고 있다.

🔖 팬데믹 시대에 '소퍼'로 살아남기

태국 음식점과 블로그 수입만으로도 하루 400달러 벌기를 어렵지 않게 이뤄 냈던 잭에게 위기가 찾아왔다. 바로 코로나19 팬데믹이다. 코로나19가 덮친 2020년, 잭의 은퇴 계획에 차질은 없었을까.

잭의 음식점은 2020년 개업 첫 달에 유명한 지역 신문에 뉴욕주에서 가장 맛있는 태국 음식점으로 여러 차례 소개됐다. 지역에서 생산한 유기농 재료만 사용하는 점이 부각돼 건

강과 환경에 좋은 음식을 원하는 고객 사이에서 입소문이 나면서 유명해진 것이다. 미국을 잠식한 코로나19가 가져온 영향은 없었을까.

다행히 잭은 코로나19가 그의 태국 음식점에는 기회였다고 말한다. 코로나19로 잭의 가게는 그 어느 때보다 바빴다. 사람들이 출근하지 않고 집에 머무는 시간이 길어지면서 배달 주문이 늘었기 때문이다. 잭은 이전에는 생각하지도 않았던 음식 배달 서비스를 시작해 수익을 올렸다.

이뿐만이 아니다. 잭은 새로운 플랫폼 노동에도 뛰어들었다. 태국 음식점에서 일주일 동안 60~80시간을 일하면서 고정적인 수익을 얻고, 나머지 시간에는 인스타카트, 우버이츠, 도어대시 같은 음식 배송 플랫폼 노동자로 일했다. 그가 틈틈이 플랫폼 노동을 해서 얻는 수익은 상당하다. 잭이 인스타카트 쇼퍼로 버는 돈은 일주일에 200달러(한화 약 22만 원) 정도로 한 달 내내 꾸준히 하면 1,000달러(한화 약 111만 원)를 번다. 파이어 운동을 하는 잭에게는 상당히 매력적인 고수익 일자리다.

여러 플랫폼 노동 중에서 코로나19 시기에 잭이 새롭게 시작한 부업은 핸드폰 앱을 이용해 식료품을 배달하는 일이었다. 고객과 식료품점, 그리고 쇼퍼를 연결하는 플랫폼인 인스타카트는 식료품 업계의 우버로도 불린다. 우버 기사가 고객을 목적지로 데려다주듯 인스타카트의 쇼퍼가 고객 대신 장을 봐서 집으로 배달한다. 2012년 처음 탄생한 인스타카트는 코로나19로 이용자가 폭발적으로 늘었고, 2020년 8월에는 시장 점유율의 절반 가까이를 차지하며 식료품 배달 분야의 리더로 떠올랐다. 이는 미국에서 코로나19 확진자와 사망자가 무서운 속도로 급증하면서 쇼핑을 꺼리는 사람이 많아졌기에 가능했다. 비좁은 마트에서 불특정 다수의 사람과 부딪히며 물품을 구입하는 것이 부담을 넘어 공포를 불러일으키면서 불안한 고객을 대신해 장을 봐 주는 인스타카트가 각광받기 시작한 것이다.

인스타카트는 우버와 시스템이 비슷하다. 고객이 물건을 배달받을 주소의 우편번호를 입력하면 8km 안에 있는 식료품점이 표시된다. 원하는 지점을 클릭해 해당 점포가 취급하는 상품 목록을 보고 주문하면 인스타카트에 등록한 일반인 쇼퍼가 대신 장을 보고 한 시간 내에 집까지 배달해 준다.

그렇다면 어떤 사람이 인스타카트 쇼퍼가 될 수 있을까? 정답은 '누구나'이다. 인스타카트는 사전에 고객이 지불하는 팁을 포함한 각 주문의 예상 수익을 쇼퍼에게 제시하고, 쇼퍼는 자신이 수락한 주문에 대해서만 업무를 수행하므로 원하는 시간에 원하는 만큼 일할 수 있다. 따라서 직장인, 가정주부, 학생 등 누구나 쇼퍼가 될 수 있다. 단, 지정 식료품점까지 이동해서 고객이 구매한 물건을 쇼핑해 집 앞까지 배송해야 하기에 개인 차량이 반드시 있어야 한다.

하지만 식료품 배달에 사용하는 차량의 유지비나 유류비, 보험료는 모두 쇼퍼가 떠안아야 할 몫이다. 이들 대부분 직원이 아닌 파트타임 노동자이기 때문이다. 대부분의 플랫폼 기업들은 노동자를 임시직으로 고용하는데 이를 가리켜 '긱 경제(Gig Economy)'라는 말이 생겨났다. 산업 현장에서 필요에 따라 사람을 구해 계약직 혹은 임시직 형태로 고용하는 경제 방식을 말한다. 근로자 입장에서는 어딘가에 고용되지 않고 일시적으로 일하는 '임시직' 경제 활동이라 할 수 있다. 코로나19 팬데믹 시대가 낳은 불안정한 노동 형태인 셈인데, 이러한 노동이 폭발적으로 늘어나는 것은 노동자에게 과연 기회일까, 위기일까?

🔊 플랫폼 노동은 시간이 곧 돈!

인스타카트 쇼퍼로 일하는 잭의 하루를 따라가 봤다. 인스타카트 쇼퍼로 등록하면, 쇼퍼 앱에 고객이 주문한 식료품점,

구매 목록, 배달 주소가 나타난다. 인스타카트 쇼퍼는 수행할 일을 직접 선택한다.

잭에게는 나름의 노하우가 있었다. 우선 자기가 있는 곳에서 5분 거리에 있는 식료품점을 선호한다. 운전하는 시간이 늘면 돈을 벌지 않는 시간이 그만큼 늘어나는 셈이므로 식료품점까지는 물론이고 고객의 집까지 짧은 시간 안에 도달할 수 있어야 한다. 게다가 5분 내에 있는 식료품점은 매우 익숙한 장소이므로 여러 가지 장점도 많았다. 일을 처음 시작했을 무렵, 잭은 별 생각 없이 새로운 식료품점에서 쇼핑을 대신 하기도 했다. 그런데 그곳에서 고객이 원하는 물건의 위치를 파악하는 데만 30분이 넘게 걸렸다. 잭 입장에서는 돈을 버는 시간이 아니라 돈을 버리는 시간이었다.

그 일을 계기로 잭은 자신이 주로 가는 식료품점을 선호하게 됐는데, 물건의 위치를 잘 알고 있어서 빠르게 쇼핑할 수 있기 때문이다. 또한 잭은 식료품점이 붐비는 시간이나 사람이 많이 몰리는 주말은 피한다. 줄을 서느라 많은 시간을 허비하기 때문이다. 그리고 가능하면 주문하는 물건의 갯수가 적은 배달을 선호하는데, 물건이 적을수록 시간을 더 단축할 수 있기 때문이다.

마지막으로 잭은 운전도 빠르게 하면 도움이 된다고 말한다. 교통 규칙과 안전을 최우선으로 해야 하는 건 두말하면 잔소리다. 그래서 지름길을 이용하거나 차량이 덜 막히는 시간에 일한다. 빨리 운전할수록 주문을 빠르게 완료할 수 있고 빨리 돈을 벌며 더 빨리 새로운 주문을 받을 수 있기 때문이다.

잭은 인스타카트 쇼퍼로 일하며 '시간이 곧 돈'이라는 사실에 가장 중점을 두고 있었다. 그래서 쇼퍼 일을 할 때는 반드시 운동화를 신는다. 되도록 빨리 이동하기 위해서다. 또 핸드폰로 일해야 하므로 배터리가 방전돼 불미스러운 일이 생기지 않도록 충전에도 각별이 신경 쓴다. 비상 상황에 대비해 보조 배터리도 반드시 챙긴다. 또한 쇼퍼 일을 시작하기 전에 식사를 하고, 물은 반드시 차 안에 상비해 둔다. 일하는 도중에 배가 고파서 끼니를 때우는 시간 역시 돈을 버는 데 방해되기 때문이다.

이렇게 쇼핑을 완료한 뒤에는 고객의 집 앞까지 물건을 배달한다. 코로나19로 비대면 배송이 일상이라 고객의 집 앞에 식료품을 놓은 뒤 사진을 찍어 고객에게 전송하면 끝. 이렇게 잭이 1시간 동안 일해서 번 돈은 15달러(한화 약 1만 6,000원)다.

🔳 쇼퍼의 특명은 고객 만족!

코로나19로 우리의 일상은 다양한 변화를 맞고 있다. 가장 큰 변화를 꼽자면 언택트 라이프가 아닐까. 집에서 온라인에 접속만 하면 모든 것이 배달되는 세상이다. 잭은 고객이 원하는 물건을 구입해 배달하는 데 소요되는 가장 이상적인 시간을 1시간으로 정했다. 이렇게 1시간 동안 일해서 버는 돈은 15달러. 식료품점에서 일하는 직원이 버는 시급이 12달러인 것과 비교하면 조금 더 높다.

플랫폼 노동은 고정직에 비해 시급만 높은 것이 아니다. 식료품점의 직원은 아무리 빨리 움직이고 열심히 일해도 돈을 더 벌지 못한다. 시간당 12달러를 받는 것으로 정해져 있기 때문이다. 반면 인스타카트 쇼퍼는 운전을 빨리하고, 빨리 뛰거나 빨리 걷고, 고객이 원하는 물건을 빨리 골라서 배달하면 돈을 더 많이 벌 수 있다.

무엇보다 식료품점의 직원이라면 하루 종일 마트에서 일해야 하지만 인스타카트 쇼퍼는 원하는 시간에 원하는 만큼 자유롭고 유연하게 일할 수 있다. 그래서 시간제 일자리를 원하는 주부나 학생들이 인스타카트 쇼퍼로 많이 활동하고 있다. 인스타카트 쇼퍼가 효율적으로 시간을 관리하면서 고수익을 얻을 수 있는 일자리로 자리 잡은 것이다.

인스타카트 쇼퍼에게 가장 중요한 것은 고객 만족이다. 따라서 고객이 원하는 물건을 정확하게 구입해 집 앞까지 안전하게 배달해야 한다. 사람들이 주문한 물건 금액의 25%라는 적지 않은 수수료와 팁을 지불하면서 인스타카트를 이용하는 것은 이러한 점 때문이다. 쇼퍼 팁은 구매 금액의 5%로 책정돼 있지만 고객이 더 많은 금액을 팁으로 지불하기도 한다.

별점 평가는 인스타카트에도 있다. 쇼퍼는 이용자의 평가에서 자유로울 수 없으며, 쇼퍼의 경력이 고객에게 투명하게 보이니 끊임없이 보이지 않은 경쟁을 해야 한다.

고객은 네트워크와 GPS를 이용해 실시간 쇼핑 진행 상황을 알 수 있고, 채팅 등으로 쇼퍼와 소통할 수도 있다. 예를 들어 해당 식료품점에 고객이 원하는 물건이 다 팔렸다면, 다른 물건으로 대체할지 여부를 물을 수 있다. 또한 쇼퍼가 구입한 물건이 고객이 찾는 것이 맞는지 사진을 찍어 보내고 피드백을 받기도 한다. 이처럼 세심하고 꼼꼼하게 그리고 빠르게 장을 보는 것이 쇼퍼의 경쟁력이다. 이렇게 고객을 만족시키는 것이 수입에 그대로 영향을 주기 때문이다.

인스타카트는 사전에 고객이 지불하는 팁을 포함한 각 주문의 예상 수익을 쇼퍼에게 제시한다. 쇼퍼는 노동의 대가를 미리 알고 업무를 수락한다. 만일 쇼퍼가 연이어 몇 건의 주문을 거절하면 인스타카트 알고리즘은 해당 쇼퍼가 현재 근무하고 있지 않다고 판단해 신규 주문을 제공하지 않는다. 이런 상황을 막기 위해 쇼퍼들은 울며 겨자 먹기로 수익이 낮은 주문도 수락하기도 한다.

잭이 온전히 쇼퍼 일만 할 경우, 하루 수입은 약 200달러다. 잭은 이 돈을 모두 저축한다. 코로나19가 아니었다면 쇼퍼를 주요 수입원으로 생각하지 못했을 거라는 잭. 그의 100만 달러를 향한 도전은 현재도 계속되고 있다.

코로나19가 가져온 실업 대란으로 근무 시간이 줄어든 사람까지 합하면 플랫폼 노동자 수는 폭발적으로 늘어났다. 그리고 이러한 추세에 편승해 더 많은 플랫폼 기업들이 끊임없이 등장하고 있다. 코로나19가 앞당긴 플랫폼 노동의 미래는 어떤 모습일까. 플랫폼 노동은 과연 미래 노동의 대안이 될 수 있을까.